HABLA CLARA

Rivero, Maura

    Habla Clara / Maura Rivero. - 1a edición especial - Ciudad Autónoma de Buenos Aires : Granica, 2023.

    134 p. ; 22 x 16 cm.

    ISBN 978-987-8935-07-2

    1. Educación Sexual Integral. I. Título.
    CDD 371.714

Diseño: Christian Argiz

Ediciones Granica S.A.
Lavalle 1634, 3°
C1048AAN, Buenos Aires, Argentina
Tel.: +5411-4374-1456 / Fax: +5411-4373-0669

ISBN 978-987-8935-07-2
Impreso en Argentina en marzo de 2023.
1a. edición - Ciudad Autónoma de Buenos Aires.

El papel utilizado en la producción de esta obra, elaborado sobre la base de fibras celulósicas alternativas, procede de explotaciones forestales sustentables, comprometidas con el cuidado del medio ambiente.

www.granicaeditor.com
www.facebook.com/ediciones.granica
@ediciones.granica

HABLA CLARA

Maura Rivero

Ilustraciones de Ro Ferrer

GRANICA

Índice

*A nuestras familias
-las de sangre y las elegidas-
por acompañar siempre.*

Prólogo

Para pensar a las infancias debemos primero desechar una idea fuertemente arraigada: la que supone que los niños y las niñas se encuentran en un tiempo evolutivo que tiene que ser superado por un estadio superior de la vida. Desde las familias, desde las escuelas, también desde productos culturales- dibujos animados, películas y libros- los niñas y niñas son muchas veces vistos como personas a las que aún les falta algo. Casilleros vacíos o semivacíos a ser llenados por nosotros. De ahí, la urgencia por abarrotarlos de información y enseñanzas que no tienen en cuenta sus propios conocimientos. El enfoque más novedoso respecto a este tema lo trajo la ley de Educación Sexual Integral al pensar cómo trabajar desde los propios saberes de las infancias. *Habla Clara* continúa esta búsqueda partiendo de sus identidades, trayectos de vida, familias, vínculos cotidianos así como también desde sus sentimientos, miedos, deseos e intereses. No tanto pensando en cómo explicarles la vida, sino más bien para comprenderla junto con ellos, mientras sucede.

En ese sentido, el primer punto que quiero señalar es que *Habla Clara* piensa un diálogo con las infancias. En la primera parte del libro conocemos la historia de Clara, su mamá, la escuela, sus pares y la maestra en un relato pensado para ellos. El texto, además, incorpora ilustraciones que acercan sentidos a partir del lenguaje visual que refuerza o amplía lo dicho en el texto. Luego, un apartado se encarga de responder preguntas (y de abrir otras) para quienes cuidan y crían. De este modo, el libro se construye como un *mapa* a ser explorado por chicos y también por grandes. La palabra mapa no es aleatoria, hay recuadros con llamadas, pero también se citan autores y autoras de teoría y hay retazos de obras literarias que bien podrían llevarnos a explorar otras voces.

Habla Clara resulta una guía práctica para introducirse en la aplicación de ESI, destinada tanto a familias, escuelas, como a niños y niñas. De un modo claro, informativo y con humor, el libro no evita mostrar el conflicto que existe entre vínculos y entre generaciones. Este es un punto que me parece clave. En una época en donde muchas veces quiere evitarse el conflicto, hacer pie en él, resulta necesario. Porque el conflicto, de alguna forma, custodia la diferencia simbólica entre generaciones. Nos diferencia de nuestros hijos e hijas. Viene a mostrar las diferencias que hay entre nosotros. Intentar huir de esto es imposible y si fuera posible sería inútil, no nos haría aprender nada, y mucho menos podríamos acompañar un trayecto educativo. Es a partir del conflicto y de su visibilización cuanto más puede decirnos la ESI sobre otros y sobre nosotras mismas, sobre el mundo que habitamos y queremos transformar.

Es un acierto que *Habla Clara* proponga sumergirse en los conflictos, navegarlos e intentar salir a flote. En la realidad, a veces funciona y a veces no. Porque en educación lo normal es que no funcione. En palabras de Philippe Meirieu, "lo normal en educación es que la cosa no funcione: que el otro se resista, se esconda o se rebele. Lo normal es que la persona que se construye frente a nosotros no se deje llevar o incluso se nos oponga, a veces, simplemente para recordarnos que no es un objeto en construcción sino un sujeto que se construye".

Gabriela Larralde

Introducción a la introducción

Habla Clara es un libro que invita a que grandes y chiques hablen, se hagan preguntas y le puedan poner palabras a sus respuestas, a los amores, a los miedos, a los conflictos.

Sí, *Habla Clara* tiene grandes pretensiones: intenta que quienes lo lean salgan transformados de su lectura; pues tiene como propósito la ampliación de derechos de todas las personas, la consideración de las diferencias como parte constitutiva de ser humanos, y pensarnos a nosotrxs mismxs a partir de un montón de ejercicios y preguntas.

Para esto, *Habla Clara* se percibe puente y trampolín, tiene dos partes que se unen constantemente y que esperamos que les inviten a saltar de un lado a otro. La primera parte está destinada a niñes entre 6 y 10 años. La segunda parte está destinada a familias de todas las edades.

En la primera parte, encontrarán la historia de Clara y unos cuadros de diálogo que proponen profundizar la lectura de ese tema en la segunda parte; pero también se puede leer de corrido la historia de Clara, sin alternar. La segunda parte está dirigida a las familias. Además de explicaciones más detalladas y fundamentadas, también encontrarán códigos QR que les llevarán a la fuente de ese dato, a alguna imagen, un video, una canción.

Pero cuando decimos que este libro busca ser puente y trampolín, fundamentalmente lo afirmamos desde la convicción de que un mundo mejor es posible, y para eso es necesario (y urgente) que las familias y la escuela se encuentren, se sostengan, junten fuerzas, armen redes, y puedan nadar juntas en este mar de incertidumbres que es crecer, ¡a cualquier edad!

Maura Rivero

HABLA CLARA

Hola, soy Clara.

Ésta soy yo con un celular viejo que encontré en mi casa.

Me empecé a grabar contando las cosas que me pasaban, pero al final ese celular me metió en problemas.

Si quieren saber qué me pasó, van a tener que escuchar desde el principio para entender.

Familias: Cada vez que encuentren un cuadro de diálogo como éste, lxs invitamos a buscar otra página donde podrán leer algunas reflexiones dirigidas a las familias.

Para saber más, vayan a la página 43: Conociendo a Clara y a este libro.

Ehmmm, me grabo porque es casi lo único que puedo hacer con este teléfono. Grabarme y jugar un juego muy aburrido.

No puedo sacar fotos, pero no me importa, eso hacen todas las chicas de mi escuela y a mí me gusta hablar más que nada en la vida. Bueno, y también cocinar, pero como a mi mamá no le gusta, tengo menos éxito con eso.

Familias: ¿Por qué creen que Clara habla de las chicas de su escuela como si ella no fuera una chica de su escuela? En la página 45 encontrarán algunas claves para pensar el lenguaje en este libro ¡y en todo lo demás!

Hoy llevé galletitas caseras a mi escuela, ¡le tuve que insistir tanto a mi mamá para que las hiciéramos!
Como les dije, a ella no le gusta para nada cocinar, pero de vez en cuando la convenzo.

Resulta que cuando Julia quiso agarrar la galletita que había quedado, le empezaron a decir gorda, angurrienta y ya no fue nada divertido.

Julia se puso tan mal de haberse comido la segunda galletita, que al final la seño Viole nos terminó sentando en ronda.
—Chiques, hablemos de ESI —dijo.

Familias: En la página 48 hacemos un poco de memoria, porque la ESI tiene historia propia.

La seño empezó a hablar de nuestros cuerpos, de que son todos distintos y únicos. Pero empezamos a hacerle preguntas, entonces sacó unas láminas.

Familias: Hablar de nuestros cuerpos nunca es fácil, pueden ir a la página 54 para encontrar algunos consejos.

La escuchamos con atención, bueno... a algunos les dio mucha vergüenza y se empezaron a reír.

Yo también me reí, pero también pudimos hacer otras preguntas. No mucha gente nos habla de nuestros cuerpos, y es casi siempre cuando vamos al médico.

Familias: En la página 57, les dejamos unos consejos para nombrar las partes del cuerpo ¡sin ponernos coloradxs!

Le conté a mi mamá lo que había pasado con las galletitas. Le quise hacer las mismas preguntas que le hicimos a la seño y grabarla, como una entrevista, pero no me dejó.

Se puso a hablar rápido y no le entendí nada.
Bueno, le entendí lo último: que al final las galletitas habían sido para problemas y que no íbamos a hacer más para llevar a la escuela.
Tengo que pensar cómo convencerla.

Familias: Hay preguntas que pueden llegar a ser incómodas, por eso, en la página 61 van a encontrar algunas claves para responderlas.

CLARA NO SE CALLA

Volví con todo: le dije a mi mamá que quería hacer una torta rosa
para llevarle a la seño Viole porque está embarazada de una nena.

Al principio me dijo que no (por lo que había pasado con Julia)
pero cuando saqué el celular y le pregunté sobre cómo vienen los
bebés al mundo, me terminó diciendo:

—Bueno, hagamos la torta para llevar a la seño y a tus
compañerites.

Familias: En este segundo capítulo abordaremos
embarazos y nacimientos. En la página 69
hablamos de la cigüeña y otros cuentos fantásticos.

Llevé la torta a la escuela y la seño Viole estaba contenta. Aproveché mientras todos comían la torta y pregunté: ¿Cómo había entrado el bebé a la panza? Y, sobre todo, ¿¡cómo iba a salir!? ¿Lo iba a vomitar?

La seño nos dijo que cuando dos personas grandes se quieren y se respetan, se demuestran el amor de maneras distintas.

Familias: En la página 72 festejamos la afectividad, y también les damos algunos consejos para conversar sobre esto.

A veces se escriben mensajitos o se mandan audios, a veces se dan besos en la boca, a veces se dicen te quiero o te amo.

Y cuando tienen ganas, para expresar lo que sienten, juntan sus partes íntimas (sí, esas partes, las que vimos en la página 20, "No hay cuerpos incorrectos").

Y cuando se juntan las partes íntimas, puede haber un embarazo.
Porque algunos cuerpos tienen óvulos y otros, espermatozoides,
que son dos partecitas chiquititas que tienen las personas.
Si esas partecitas se juntan, se forma algo nuevo, que se
llama embrión.

La seño terminó de decirlo y yo pensé en la cocina: mezclo una
taza de azúcar y 3 huevos; cuando batimos mucho, mucho, mucho, no son ni huevo ni azúcar, son una mezcla, algo nuevo.
Se le ponen algunas cosas más y al horno un ratito.

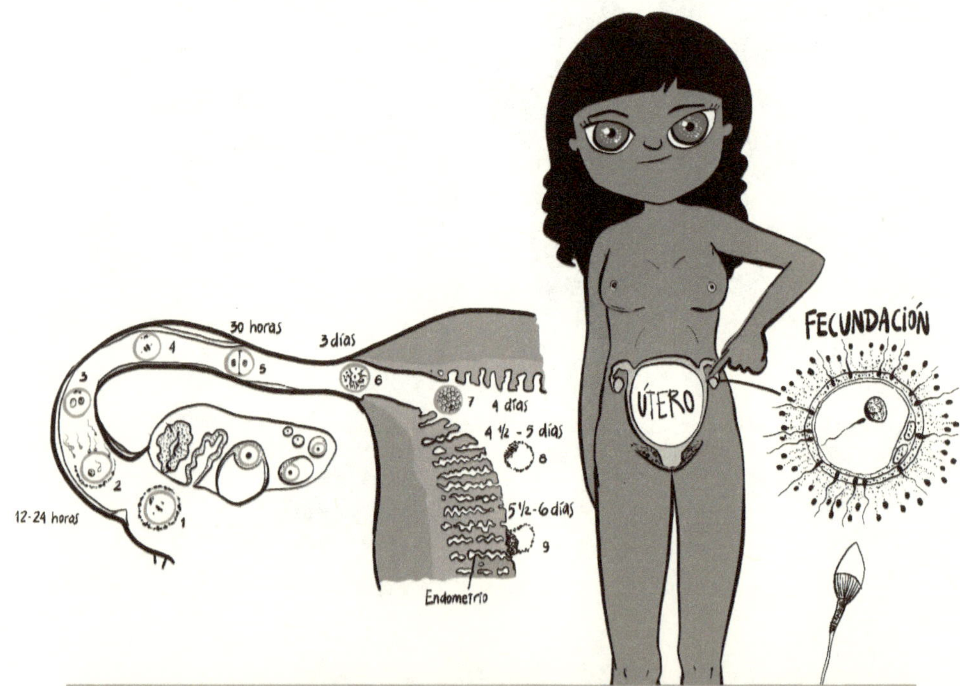

Familias: En la página 76 encaramos la
fecundación, ¡saquen papel y lápiz que hay mucho
que aprender!

La seño nos explicó que, si el embrión se queda en el útero durante nueve meses, después nace un bebé.

Dijo "voy a hacer vida normal", lo que me imagino que es seguir
viniendo a la escuela, mirando películas y esas cosas que nos
cuenta que hace los fines de semana.

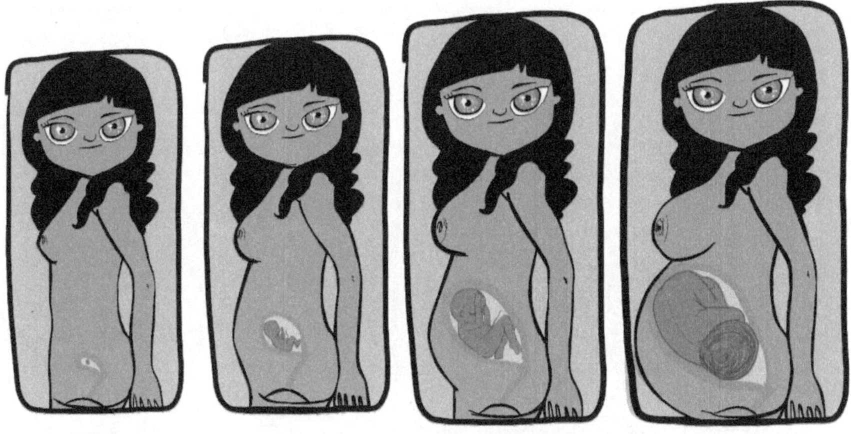

Familias: En la página 84 encontrarán más información sobre las etapas de la gestación.

Ah, ¡y no los vomitan!
A veces, los bebés salen por la vagina, ese agujerito que está más abajo del agujerito por el que hacemos pis.

Y a veces salen con una operación que se llama cesárea: se hace un cortecito para que los doctores y las doctoras puedan sacar al bebé de la panza.

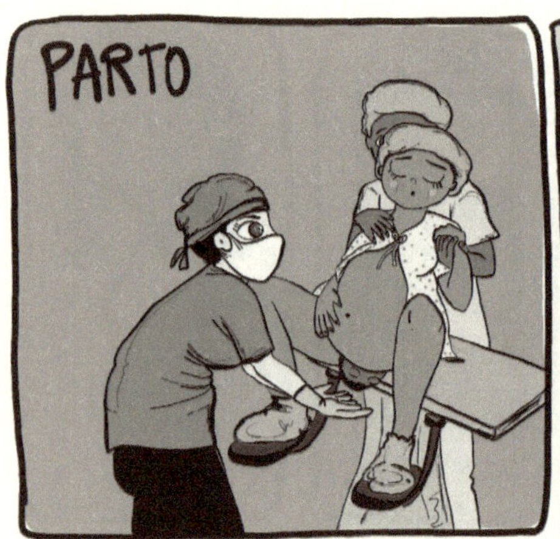

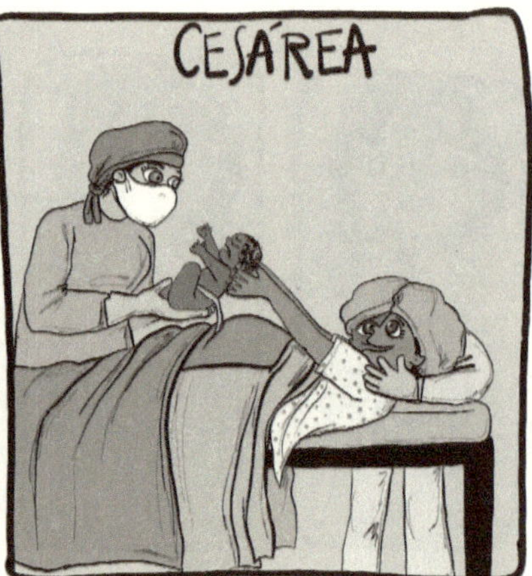

Familias: En la página 87 van a encontrar todo lo que necesitan saber sobre los tipos de parto.

Uno, dos, tres, probando.

Estoy por hacer la entrevista más importante de toda mi vida: quiero saber cómo nací.

Cuando era chiquita no quería saber de estas cosas, pero ahora que soy grande quiero saber todo.

Acá estamos con mi mamá que va a responder esta pregunta.

Familias: No desesperen, en la página 91 vamos a hablar de personas gestantes e identidad de género.

—Traé harina del mueble, que voy preparando los huevos.

—¿Y? ¿No me vas a decir cómo fue mi parto? ¿Estaba mi papá?

—No, no estaba. Porque vos sabés que no tenés papá. ¿Viste eso que te explicó la maestra? ¿Sobre los óvulos y los espermatozoides? Bueno, como te quería tener a vos, fui a una clínica, alguien me donó sus espermatozoides y, al unirlos con mi óvulo, te formaste vos, que creciste en mi panza.

Familias: Inseminación artificial y vientre subrogado son temas muy complejos. En la página 97 les dejamos algunas preguntas y reflexiones.

—¿Le pongo esencia de vainilla?

—Sí, que era un olorcito parecido al que vos tenías cuando naciste. Y te pude abrazar y oler por primera vez.

Porque, Clari, yo te deseaba tanto que ese momento fue lo más lindo que me pasó en la vida. Pero vinieron días más hermosos después, empezaste a crecer y a hablar, ¡aunque a veces quisiera ponerte en Mute!

Familias: En la página 103 hablamos de las muchas maneras de ser/estar en familia.

CLARA SE ACHICA Y SE AGRANDA

¿Se acuerdan de que grabé a mi mamá cuando me contó cómo había quedado embarazada de mí? Bueno, llevé a la escuela el teléfono y dejé que mis amigas escucharan la grabación.

Ese fue un momento re lindo, peeero... ¡uuuffff!

A veces creo que en vez de Clara deberían haberme puesto Confundida de nombre.

En vez de sentirme transparente, me siento rara y no entiendo bien algunas cosas...

Familias: En la página 107 exploramos lo privado y lo íntimo.

A mis amigas les encantó escuchar mi historia, aunque por momentos se escuchaba mal porque estábamos cocinando cuando la grabé. Entendieron por qué yo no tengo un papá, y yo también.

Pero justo la seño Viole me vio con un teléfono y llamó a mi mamá para contarle.

Familias: En la página 111 se devela el secreto acerca de los secretos.

Bueno, mi mamá me retó un rato re largo, hasta que se le pusieron los ojos rojos, como a Superman. No largó ningún láser, pero un cachito más y capaz pasaba.

Y seguía diciendo que ella no me había dado permiso ni para grabarla, ni para llevar el teléfono a la escuela ni para contarle a todas cómo había nacido.

Familias: En la página 119 abordamos el consentimiento, otro tema que atañe tanto a grandes como a chiques.

Después de que mi mamá terminó de hablar, le dije que era injusto, que entendía que estaba mal que hubiera hecho esas cosas
sin decirle, pero que no tenía que ponerse triste ni enojarse.

Ella tiene que entender que es mi historia también y que yo la
quiero compartir.
Además, le dije que no tengo un papá, pero que tengo a la mejor
mamá del mundo, ¡aunque no le guste cocinar!

Mi mamá empezó a reírse y también a llorar, ¡¿quién entiende a
les grandes?!

Familias: El último apartado empieza en la página 125, el inicio del fin de este libro.

CLARIdad

PARA FAMILIAS

1. Conociendo a Clara y a este libro

La lectura es placer

y alegría de estar vivo

o tristeza de estar vivo

y sobre todo es conocimiento y preguntas.

Roberto Bolaño en **2666**

Habla Clara es una suerte de manual de consultas, oráculo reflexivo, fabricante de preguntas y refutador de leyendas. Que estén abriendo este libro, interesándose por la implementación de la ESI en casa y en la escuela, es un paso enorme que consideramos digno de aplausos ruidosos, chiflidos y cinco segundos de baile de festejo. Hechos todos los rituales, ponemos manos a la obra y el cerebro en movimiento.

Este libro se puede leer de varias maneras (y esperamos que sea subrayado, marcado, discutido, entre otras apropiaciones). Se puede recorrer solo la parte infantil, de corrido, que cuenta la historia de Clara, una niña que se graba contando sus aventuras y reflexiones. Otra manera —recomendada para los/as/es más grandes— es ir y venir entre el cuento infantil y estos cuadros de diálogo, que les traen acá: la segunda parte del libro está dirigida a las familias, les brindará herramientas/recomendaciones/frases hechas y deshechas para abordar los temas que Clara incluye en su relato.

También se puede leer todo, todxs juntxs, grandes y chiques. Seguro que cada quien encontrará la manera más placentera de recorrer este proyecto de pensar la educación sexual integral **para y desde** los hogares.

A medida que vayan avanzando en esta segunda parte, comprobarán que los 18 apartados buscan responder la siguiente pregunta: ¿cómo abordar este tema con un niño, una niña, une niñe? ¿Qué palabras usar para que comprenda? ¿Qué contar sin contar de más? ¿Hablo de mi historia personal o no? ¿Le cuento lo que siento cuando hablo de esto o no?

Para responder estas preguntas nos tenemos que poner los lentes de la ESI, y para eso, el primer paso es reflexionar sobre unx mismx. Los temas que hacen a la ESI atraviesan a quienes somos como sujetos en este mundo y, justamente por eso, no hay respuestas correctas (como sí pasa con otros contenidos escolares), porque la ESI y este libro invitan a pensarnos a nosotrxs, nuestras prácticas, nuestros discursos, nuestros gustos, todo. Por eso, también encontrarán preguntas dirigidas a lxs grandes en cada uno de los apartados, es una invitación a que hagan una parada en la lectura, se respondan internamente, y así poder hablar de estos temas cada vez con más soltura y fluidez. Nuestro objetivo es que, como familias, se puedan involucrar en la educación sexual que construimos junto a les chiques.

Finalmente, cada apartado inicia con una cita literaria, autorxs y obras que nos han marcado y que les invitamos a buscar más allá de este libro. La lectura, aquí, es considerada como creadora de universos posibles; por eso, el gesto de la cita no es solo una recomendación, sino que también les contamos de qué estamos hechas quienes escribimos este libro, cómo se formaron nuestros propios universos para poder comunicarlos.

Hechas todas las aclaraciones pertinentes, damos por finalizado este primer apartado y les invitamos a avanzar con cada uno de los temas, que serán presentados progresivamente, tal como se implementa la ESI en la escuela.

2. El lenguaje inclusivo

Amélie Nothomb en **Metafísica de los tubos**

En la medida en que avancen en la lectura, notarán que no hay una letra E sostenida, ni un binario entre chicos y chicas, ni un uso estable de la X. El lenguaje no está dado de una vez y para siempre, sino que es una institución dinámica, en constante movimiento, y como tal es posible de ser modificado en su uso y repetición.

El lenguaje nos dispone a expresarnos de una manera o de otra, brinda palabras que nombran lo que existe, lo que vemos, lo que necesitamos mostrar en este aquí y ahora. También nos genera estructuras (como otras instituciones que nos atraviesan: el hogar, la escuela, el club, la iglesia, etc.) y facilita que se reproduzcan ciertas organizaciones, en detrimento de otras (Bourdieu,1998).

Parece que el lenguaje inclusivo es una nueva moda, pero la pregunta por la representación en las palabras tiene una larga historia, sin embargo —por una cuestión de espacio y mantener su atención— aquí solo nombraremos los puntos que consideramos más significativos, con el fin de darle un contexto al debate.

En 1949, Simone de Beauvoir publicó *El Segundo Sexo*, un libro donde reflexiona sobre qué significa ser mujer, e invita a las francesas a hacer lo mismo. Pero *El Segundo Sexo* surcó las fronteras y se ha traducido a más de cuarenta idiomas, es decir, llegó a mujeres de todo el mundo y no solo a las francesas, porque la pregunta por el ser mujer excedía la geografía. Sobre la representación en el lenguaje, De Beauvoir dice: "Las mujeres no dicen 'nosotras'; los hombres dicen 'las mujeres' y éstas toman estas palabras para designarse a sí mismas; pero no se sitúan auténticamente como Sujeto". (De Beauvoir, 2009). La autora nos llamaba a las mujeres a posicionarnos como sujetos de derechos, a nombrarnos y encontrarnos en las otras mujeres, como compañeras, pares e iguales.

Algunos años más adelante, otras comunidades empezaron a nombrarse; en 1984 se funda la Comunidad Homosexual Argentina (CHA) y palabras como *gay* o *lesbiana* se empiezan a decir en voz alta. A principios de los 2000, la palabra *trans* llegaba para reemplazar a la palabra *travesti*, que era usada hasta ese momento con una connotación negativa y burlesca.

Estos cambios sucedieron y obligan a hacerse algunas preguntas: ¿Quién decide qué nombramos y qué no? ¿Con qué criterios? ¿Quién elige las palabras, los pronombres, los artículos que usamos día a día? ¿Quién decide por qué, cómo y cuándo se cambian esas reglas?

Quienes se niegan a variar el masculino universal en la lengua, argumentan que se entiende que el masculino nos incluye a todes y que, en todo caso, es la Real Academia Española (RAE) la que debe establecer esos cambios. Pero Santiago Kalinowski en **La Lengua en Disputa** explica "siempre que hubo un intento de modificar la realidad, eso comportó una serie de elecciones en la lengua, la creación de discursos asociados al intento de mover determinadas cuestiones de lo real" (Kalinowski, Sarlo; 2019, 14). El autor relata que, hasta mitad del siglo XX, la RAE se negó a incorporar al diccionario el verbo "independizar", verbo surgido de las independencias latinoamericanas sucedidas en el siglo XIX. La RAE lo consideraba un verbo inútil porque ya existía "emancipar". Pero para los latinoamericanos independentistas, ¿significaba lo mismo emanciparse que independizarse? No, necesitaron un nuevo verbo para nombrar aquello que se estaba logrando en este territorio.

Decir las cosas en voz alta brinda a las palabras pronunciadas un valor extraordinario. Nombrar a las mujeres y a las disidencias es un homenaje, es pronunciar y visibilizar una lucha que existe desde hace siglos. La disputa por el lenguaje inclusivo no es gramatical, sino que es un reconocimiento hacia las injusticias. En Argentina muere una mujer cada 27 horas, las personas trans no tienen las mismas posibilidades de trabajo; las personas intersex tienen derecho a no ser mutiladas, las jóvenes son acosadas en la vía pública y abusadas en el interior de sus hogares; una mujer cobra menos que un varón por realizar la misma tarea, por nombrar solo algunas de las consecuencias de este injusto sistema.

Observatorio de medios

El lenguaje inclusivo es un acto político mas no partidario, es un grito de hastío ante lo que no se dice y sucede cotidianamente. No se exige a la RAE que reescriba las reglas gramaticales sino que se pongan en juego estructuras más equitativas, con las cuales todxs se puedan sentir representadxs.

Justamente por todo eso, en este libro encontrarán variantes al momento de asignar un género a las palabras, porque no creemos que se haya encontrado *una* manera correcta, si es que existe; entonces y mientras tanto, la propuesta aquí es seguir jugando con el

Mora Navarro canta Libres

lenguaje y comunicándonos con la pregunta por unx mismx y les otres de manera constante. Estamos seguras de que cada quien encontrará la manera de sentirse identificadx en este texto.

3. La ESI tiene historia

Me crié en una época y en un lugar
donde las emociones se callaban y se escondían,
sobre todo si uno era hombre o pretendía llegar a serlo algún día.

Eduardo Sacheri en **Los dueños del mundo**

Ley 26150 de Educación Sexual Integral

En Argentina, la ley de Educación Sexual Integral (Ley N° 26150, 2006) significó la creación del Programa Nacional de ESI, que se dedicó a crear materiales diversos para las aulas, y a formar a docentes de todos los niveles de manera masiva entre 2011 y 2017. Fue sancionada en el 2006, y en ese entonces no sabíamos aún que esta ley se iba a convertir en la madre de todas las batallas que impliquen una ampliación de derechos.

Tiempo después, y contra todos los pronósticos, llegó la ley de matrimonio igualitario (Ley N° 26618, 2010), la ley de identidad de género (Ley N° 26743, 2012), la ley de capacitación obligatoria en género para todas las personas que integran los tres poderes del Estado (más conocida como Ley Micaela N° 27499, 2019), la ley de talles (Ley N° 27521, 2019), la ley de la interrupción voluntaria del embarazo (Ley N° 27610, 2020), entre otros derechos que en Argentina se supieron conseguir.

Pero en América Latina no se goza de los mismos derechos establecidos: solo Argentina, México, Colombia, Uruguay y Brasil cuentan con Ley de Educación Sexual Integral e, incluso así, los problemas para su implementación son muchos y constantes en toda la región. Principalmente se debe a un desconocimiento de lo que plantean las normas, lo que lleva a una aplicación que se reduce a una mirada biologicista: la prevención de la transmisión de infecciones sexuales y del embarazo inoportuno. Pero la ESI es mucho más que eso.

Si nos vamos más atrás en el tiempo, descubrimos que en Europa nació la necesidad de tener una materia referida a la sexualidad integral. Suecia fue el primer país, en 1955, en instaurar una materia preuniversitaria, y muchos países empezaron a imitar esta idea. Desde entonces, algunos Estados inauguraron esa materia como obligatoria en sus planes de estudio, mientras que otros la tienen como opcional. Es el caso de España, por ejemplo, que plantea un abordaje integral y transversal dentro de las disciplinas escolares. Pero aún en ese continente subsisten problemas similares a los que aquí relatamos: contenidos con enfoque biologicista, resistencia de parte de algunas familias, etcétera.

La ESI, desde su concepción, adhiere a la definición de *sexualidad* aportada por la Organización Mundial de la Salud (OMS):

"La sexualidad es un aspecto central del ser humano, que está presente a lo largo de su vida. Abarca el sexo, las identidades y los roles de género, la orientación sexual, el erotismo, el placer, la intimidad y la reproducción. Se siente y se expresa a través de pensamientos, fantasías, deseos, creencias, actitudes, valores, comportamientos, prácticas, roles y relaciones. Si bien

la sexualidad puede incluir todas estas dimensiones, no todas ellas se experimentan o expresan siempre. La sexualidad está influida por la interacción de factores biológicos, psicológicos, sociales, económicos, políticos, culturales, éticos, legales, históricos, religiosos y espirituales."

A partir de esta definición podemos afirmar: si en las escuelas solo se habla de la función reproductiva de la sexualidad, entonces se están vulnerando derechos, en particular el derecho de recibir educación sexual de manera integral. Para combatir esa mirada sesgada, la ESI organiza sus contenidos en cinco grandes ejes que se interrelacionan todo el tiempo:

■ **Perspectiva de derechos:** Es nuestro gran paraguas que abarca el resto de los ejes. Esta mirada posiciona a les niñes como sujetos de derecho, y no como un objeto a ser protegido. Apunta a entender que les niñes tienen derechos propios (por ejemplo, al juego) y que somos les adultes quienes debemos garantizar que se cumplan.

■ **Respeto por la diversidad:** Este eje habla del derecho a ser diferentes, a aprender a valorar y a respetar nuestras diferencias como un ejercicio cotidiano.

■ **Cuidar el cuerpo y la salud:** De manera integral, se aborda la salud reparando en todos sus aspectos (emocionales, físicos, legales, etc.) y no solo desde la mirada biologicista que supimos conocer.

- **Valorar la afectividad:** Este eje implica hablar de las emociones y las sensaciones que atraviesan nuestros cuerpos, para superar en conjunto lo malo y festejar lo bueno que nos sucede.

———

- **Perspectiva de género:** Desde este eje se elaboran conceptos como estereotipos, roles, actitudes, es decir, todo aquello que se asigna a una persona por autopercibirse de un género u otro. El género es una categoría relacional, siempre implica la presencia de un otre que, con su mirada, nos ayuda a construirnos.

Estos cinco ejes que han sido brevemente presentados se entretejen y retroalimentan cada vez que se aplica la ESI. Sabemos lo que están pensando: "todo muy lindo, pero quiero saber qué y cómo le enseñan a mi(s) hijx(s)". Los contenidos se basan en los ejes y sobre el cómo: no hay una única receta.

Cada escuela debe evaluar cuáles son las urgencias que debe abordar primero, pero nuestra recomendación es empezar a hablar de los cuerpos y sus necesidades, para diseñar planes de acción pertinentes a cada comunidad, con el objetivo de que los/as/es estudiantes reciban información científica, actualizada y completa sobre cómo convivir de manera respetuosa y amorosa con los cuerpos propios y con los ajenos.

Lineamientos curriculares de la ESI

Una de las tareas del Programa Nacional de ESI fue desarrollar, junto a un equipo interdisciplinario de profesionales de la educación, los Lineamientos Curriculares sobre los cuales cada escuela tiene que diseñar la implementación de la ESI.

Los Lineamientos Curriculares son una suerte de lista de temas con los que trabajan les docentes; son los propósitos de enseñanza. Están pensados de manera gradual, es decir, cada disciplina, en cada nivel educativo, tiene sus propios Lineamientos Curriculares, y los de la ESI también están organizados de esta manera. Por ejemplo, en el Nivel Inicial, sobre "Exploración del contexto" tenemos el Lineamiento Curricular de ESI: "La exploración de las posibilidades del juego y de elegir diferentes objetos, materiales e ideas, brindando igualdad de oportunidades a niños y niñas". Mientras que, en el Nivel Primario (Primer Ciclo), en Educación Artística, el Lineamiento es: "La exploración y el disfrute de los diferentes lenguajes artísticos en igualdad de condiciones para mujeres y varones". Se puede valorar la similitud y la especificidad de cada contenido, pensado para cada edad y disciplina.

Luego, la escuela y cada nivel decidirá qué abordaje es más pertinente para su realidad educativa. Desde los Lineamientos se propone trabajar de manera transversal con todas las materias. Esto implica que, por ejemplo, si en Lengua y Literatura vamos a trabajar un texto para marcar verbos, adjetivos y sustantivos, ese texto podría ser un fragmento de **Rafaela**, una novela corta de Mariana Furiasse que tiene como protagonista a una chica que no se siente cómoda con su cuerpo (porque se rige por estándares de belleza imposibles de alcanzar), en lugar de un cuento de hadas donde la princesa espera ser rescatada por el príncipe.

Otra manera de abordaje es un taller específico, por ejemplo, sobre la convivencia en el aula y la afectividad. Este espacio puede estar inspirado en un inicio de ciclo lectivo, para armar las reglas del aula, así como también a partir de un emergente donde la convivencia sea un problema.

Les estudiantes tienen derecho a recibir ESI, ya sea de manera transversal o específica. Este no es un detalle menor, considerando que les adultes —a quienes está dirigida esta segunda parte- no tuvieron la misma suerte cuando transitaron la escuela. Por eso, nos gustaría detenernos unos segundos en lo que implicó esto, y les invitamos a hacer un poquito de memoria: cuando eran niñxs, ¿recibieron charlas para hablar de sus cuerpos y los cambios que iban a experimentar durante la pubertad? ¿Quiénes las dieron? ¿De qué temas hablaron? ¿Pudieron hacer preguntas? ¿Les hablaron de las emociones que estaban sintiendo? ¿Tuvieron dudas que les siguieron acompañando hasta la adultez?

Como a la ESI la hacemos entre todes, estas preguntas nos van a ayudar a pensarnos y así acompañar mejor el presente de lxs niñxs. El primer paso que tenemos que dar para aplicar la ESI en casa es, precisamente, preguntarnos por nosotrxs mismxs, por nuestras experiencias. Empezar por casa es empezar por unx mismx y éste es un consejo que atraviesa el resto de los apartados que componen este libro.

4. Nuestros cuerpos

Y nuestro cuerpo va con nosotras.
Nuestro cuerpo es nuestra patria.

Camila Sosa Villada en **Las Malas**

Desde siempre nos han inculcado que hablar de nuestros cuerpos no estaba bien: no hablamos de los mocos, ni de la diarrea, ni de la menstruación. A lo sumo, nos limitamos a decir "estoy resfriadx", "me duele la panza", "estoy indispuesta" respectivamente.

Desde la ESI se propone hablar de los cuerpos, de lo que nos pasa, registrar nuestras sensaciones y necesidades; poner palabras a lo que sentimos será uno de los objetivos de esta aventura que es descubrir juntxs: ¿de qué hablamos cuando hablamos de ESI en casa y en la escuela?

En la ilustración, los cuerpos que aparecen en el aula son diversos: los hay más bajos, más altos, más gordos, más flacos, con lentes. Así nos gustaría que los cuerpos fueran representados siempre, en su variedad y no encapsulados en un molde al cual tenemos que adaptarnos. Para empezar a desarmar los estereotipos hegemónicos de belleza, es decir, aquello que un grupo de personas considera como "bello" en un momento determinado de la historia, es necesario hablar de esos cuerpos y de los mecanismos que se dan en los medios masivos de comunicación para establecer qué cuerpos son deseables y cuáles no.

Por eso mismo, festejamos la actitud de la maestra de Clara, que en lugar de ignorar las palabras feas que recibe Julia porque se come una galletitas más, se toma el tiempo de explicar que todes somos diferentes: la maestra se hace cargo de ese emergente áulico para reflexionar sobre los mandatos que cargan nuestros cuerpos.

Los estereotipos hegemónicos de belleza se modifican con el paso del tiempo. En épocas anteriores se consideraba que un cuerpo gordo, con volumen y curvas, era un cuerpo sano, que se alimentaba bien y no era presa de ningún tipo de peste. Pero más acá en el tiempo, y desde hace algunas décadas, los cuerpos que se valoran positivamente son aquellos flacos, atléticos y ágiles. "Estás más flacx" como un halago aparece en cualquier conversación cotidiana. Así fue cómo la bulimia y la anorexia silenciosamente se convirtieron en enfermedades de nuestra época y se presentan principalmente desde los inicios de la pubertad y cada vez a más temprana edad.

La ley de talles (Ley N° 27521, 2019) vino a regular el mercado de la ropa, para que existan moldes que incluyan todos los cuerpos: desde XXS a XXL. Muy pocas son las marcas de indumentaria que cumplen efectivamente con esta ley, de modo que continúan generando incomodidades en los cuerpos. Si hasta los asientos en los colectivos están diseñados para personas flacas, así como también las butacas de los cines y los finales felices de las películas románticas. Desde el activismo gordo han nombrado esta problemática como "gordofobia": odio a las personas gordas, a través de una actitud constante de valorar la flacura por sobre la gordura.

Si bien es importante ponerle un nombre a una problemática tan aguda, también consideramos que es necesario cuestionar la etimología de esa palabra pues está compuesta del sufijo *fobia*, que es el pánico que despiertan diferentes objetos o situaciones concretas.

Podcast: Esto pasó posta.
Episodio: Gordofobia plus size

Hablando en criollo: conocemos la aracnofobia, la claustrofobia, la hidrofobia, pero nada de esto se asemeja a la "gordofobia": el odio o el miedo intenso hacia una persona que no cumple con los estándares de belleza (o de flacura), porque a diferencia de las fobias nombradas más arriba, este odio o miedo no es irracional sino que es aprendido.

De un tiempo para acá, se multiplicaron las experiencias que buscan reflexionar sobre este odio, el activismo gordo convoca a asambleas, charlas y espacios de (de)construcción colectiva, donde se dejan flotando algunas preguntas: ¿Qué cargan los cuerpos que no encajan en los talles que impone la industria textil? ¿Qué vemos cuando miramos un cuerpo gordo? ¿Es preferible morir a ser gorde?

En contexto de aislamiento social, preventivo y obligatorio, fueron muchas las cuentas en redes sociales que animaban a hacer ejercicio y seguir una dieta, ¡porque lo peor que nos podía pasar era salir gordxs de la pandemia mundial! (Nótese la ironía). Miramos con recelo estas ideas que se multiplicaron, pues no hablaban de la salud de manera integral, ni nos invitaban a preguntarnos acerca de qué nos estaba pasando, qué sentíamos frente al aislamiento, qué les pasaba a nuestros cuerpos sin el contacto físico con nuestros seres queridos. Lo importante era salir espléndides, poder lucir la malla en verano sin los rollitos de más que el encierro nos dejó.

Si en casa hablamos con mirada crítica de las personas "bellas" que vemos en redes sociales, en la televisión, en las revistas, poco a poco iremos desarmando esa idea que pesa en todes: hay "una" manera de ser bello y punto. Y porque nosotres, les adultes, también compramos esa idea, el primer paso es autodesarmarnos y aceptarnos, para que las generaciones que vienen no tengan esa preocupación que supimos tener la gran mayoría al crecer. Los moldes son los que tienen que cambiar, no nuestros cuerpos.

5. Nombrar las partes del cuerpo

Mi pito estaba exultante, delator, parado.
Y yo ya estaba encerrado en mi cuarto muerto de vergüenza
y deseándole la muerte a Papá Noel
y a todos y cada uno en el Vaticano.

Julián López en **Una muchacha muy bella**

"¡Qué difícil es decir 'vulva' sin ponerse colorada!" dijo una mamá en un taller para familias. "¿Por qué es difícil?" preguntamos, como quien mete el dedo en la llaga, pero no hubo una respuesta que aplicara a todxs lxs presentes, sino varias: "porque me da vergüenza", "porque me enseñaron" a decirle 'pichi'", porque siento que sexualizo el cuerpo de una niña. La pregunta sobre cómo nombrar las partes del cuerpo es continua, nunca pasa de moda.

Se les explicó a las familias que, en la escuela, se tiene la obligación de mostrar las partes del cuerpo con sus nombres científicos: pene, testículos, vagina, vulva, mamas, etc. No parecían muy convencidos, todo lo contrario: parecía que la escuela estaba haciendo apología de la sexualización infantil. Tuvimos que ir, entonces, con la artillería más pesada: lo importante es que los genitales se entiendan como una parte más del cuerpo, no son partes especiales; así como decimos codo, brazo, cabeza, podemos decir pene, testículos, vagina, vulva, etc. ¿Hay zonas más delicadas que otras? Claro, y todas esas zonas son las que se cubren de vello más significativamente: la cabeza, los genitales, las axilas.

Cómo higienizarse es una buena manera de empezar a hablar de los cuerpos, al fin y al cabo ¡para limpiar los genitales usamos la misma técnica que para limpiar el resto del cuerpo! Se moja la zona, se pone jabón, se masajea y se enjuaga. A veces, se recomienda repetir. Así como explicamos que cuando ponemos shampoo en la cabeza hay que frotar con los dedos el cuero cabelludo y luego el largo del pelo, podemos explicar que, para higienizar los genitales, tenemos que poner jabón en nuestras manos (lo ideal es neutro o blanco) y frotar la zona, teniendo especial cuidado en los pliegues de la piel que recubre el glande o los labios de la vulva y el clítoris en especial.

El momento del baño es un acontecimiento en los hogares y va atravesando etapas. Hay épocas donde les niñes aman bañarse, épocas en las que es una tortura. La charla sobre la higienización no es una, va cambiando a medida que los niños y las niñas van afianzando sus experiencias y sus saberes; con el crecimiento, cada vez le ponemos más palabras a más cosas y sensaciones, por eso es importante darse el tiempo y el espacio para generar diálogos.

Y eso nos lleva nuevamente al cómo nombrar: esta mirada científica que tiene que tener la escuela no quita que, en casa, podamos usar también términos simpáticos para referirnos a los genitales. Como con cualquier otro tema, tenemos que encontrar las palabras con las que nos sintamos cómodxs para expresarnos. Esto no significa invisibilizar partes, sino que se trata de jugar con varios términos, mientras reflexionamos sobre algunas expresiones que sí recomendamos erradicar, como, por ejemplo, "cola de adelante" para referirnos a la vulva, porque es confuso y mezcla sentidos.

Este capítulo se llama "Nombrar las partes del cuerpo" y, por eso, es necesario detenernos en las personas intersex, aquellas que presentan variaciones en sus genitalidades. Cuando todavía se está gestando el feto, las ecografías nos pueden decir si la persona que nacerá será nena o nene, y eso genera una serie de expectativas: desde el nombre que le van a asignar hasta de qué color será la ropita y los regalos. Pero no todes les recién nacides llegan al mundo con una genitalidad tan definida, es decir, algunas personas no nacen ni varones ni mujeres, sino intersex: no es un tercer género, es una variación biológica.

Todos los cuerpos presentan variaciones biológicas, desde el tamaño de la nariz o las orejas, pasando por el funcionamiento del corazón o el color de pelo. La genitalidad de una persona recién nacida es otra variante, uno de los muchos datos que se valora desde la perspectiva médica.

Las personas intersex son aquellas que nacen con cuerpos cuyas características sexuales varían respecto de lo que la medicina considera "la norma" (Cabral, Benzur, 2016). Hay muchas maneras distintas de ser intersex, las características sexuales varían en cuanto a las gónadas (testículos, ovarios), las hormonas, los cromosomas (XX, XY) y los genitales; esta última característica es la más visible: desde penes muy chicos para el canon médico, o clítoris demasiado grandes.

Tráiler de la película argentina XXY

Se estima que hay unas 50 variaciones asociadas a la intersexualidad y, aunque los datos no son del todo fiables, se cree que el uno por ciento de la población mundial es intersex, ya que presenta una de esas 50 variantes. Si bien el uno por ciento parece poco, al considerar que somos 60 mil millones de habitantes en la Tierra, el número se hace más resonante.

Los movimientos activistas intersex luchan para que no se patologice la intersexualidad, es decir, que no sea considerada una enfermedad y, principalmente, no se intervengan de manera quirúrgica esos cuerpos al nacer. Muchas veces, aún hoy, se somete a los cuerpos intersex a cirugías innecesarias, dolorosas, con el fin de encajar en lo que la medicina considera como 'normal': un pene grande, un clítoris pequeño.

"La cirugía pediátrica viene en realidad a resolver las contradicciones que surgen entre dos órdenes de verdad: las combinaciones cromosómicas y la apariencia del tejido.", dijo Beatriz Preciado en *El manifiesto Contrasexual* (2000; 110), antes de devenir Paul B. Preciado, para explicar que las cirugías vienen a modificar algo para —y solo para— nuestros ojos: el resto sigue existiendo como variación.

Desde el activismo intersex, se considera que esas cirugías estéticas de la genitalidad son mutilaciones. Sin necesidad de mutilar, a la persona se la puede anotar igual en los registros, asignando uno de los tres sexos que Argentina considera como legales, sin ocultar su variación y, así, cuando la persona sea más grande, pueda decidir —como cualquier otra persona- con qué género se autopercibe y cómo se expresará respecto de ese sentir.

Tal vez no se animen a usar la palabra intersex con lxs niñxs más pequeñxs, por eso, es importante explicitar que hay diferentes cuerpos y no valorar solo aquellos que se presentan dentro del marco de los cuerpos aceptados hegemónicamente (flacos, esbeltos, sin lentes, con dientes parejos, con pelo corto o pelo largo y lacio). Poder hablar con les chiques de los diferentes cuerpos que existen refuerza la idea de que elles son belles así como son, para que acepten sus cuerpos tal cual son. Una mirada amorosa del cuerpo empieza por casa, mirarnos y tratarnos con respeto es el primer paso para hablar de los cuerpos.

6. Preguntas incómodas

Pero los recuerdos son así:
uno agranda las cosas o las vuelve a ver con ojos de changuito.

Selva Almada en **Ladrilleros**

¿Por qué son incómodas? ¿Qué las hace dignas de semejante adjetivo? ¿Qué hacen 'las incómodas' para dejarnos paralizadxs frente a nuestrxs interlocutores? Esos ojos que nos miran esperando la respuesta justa —la que elles ya se imaginan en sus cabezas— y esperan que nuestras palabras contengan todo lo que les falta.

Todo.

Lo primero que necesitan saber, familias, es que la mejor respuesta a una pregunta incómoda es otra pregunta, una pregunta que nos ponga a *lxs preguntadxs* en contexto: ¿Por qué me hacés esa pregunta? ¿De dónde sacaste eso? ¿Quién te contó tal cosa? Son solo algunos ejemplos, y sirven para no adelantarnos en explicaciones que tal vez no quieren o no necesitan en ese momento de la vida.

Una vez que sabemos el contexto y qué es exactamente lo que les niñes quieren saber, respondemos con sinceridad y con toda la información que tengamos; si no sabemos algo, siempre podemos acudir al viejo y querido "No sé, pero te lo averiguo". Hay que perder el miedo al no saber, a expresarnos como personas en transformación, que no lo saben todo y que también están aprendiendo, a la par de les más pequeñes.

Las incómodas aparecen en la ilustración de la primera parte, para darnos pie a hablar de algunos temas que la ESI considera como irrenunciables. Aquí les damos "letra" para abordar estas preguntas que salen en la historia de Clara, que son las más comunes, las que aparecen a menudo en el aula.

Vivimos en un mundo pleno de diversidad, desde las especies animales, las geografías, las temperaturas del ambiente, hasta las teorías que nos explican estas cosas. ¿Por qué el cuerpo iba a quedarse afuera de semejante pluralidad?

Somos cuerpo, por medio del cuerpo sentimos, expresamos y manifestamos lo que necesitamos, de diferentes maneras, a medida que nos desarrollamos. Hay que aprender a valorar la diferencia, no solo la corporal sino también la filosófica. No todos pensamos y sentimos igual y, sin embargo, podemos edificarnos a partir de las diferencias si escuchamos y valoramos verdaderamente a ese otre.

Y pensarlo al revés también ayuda: ¿Queremos un mundo repleto de copias fieles? ¿No sería un poco aburrido si todos fuéramos y sintiéramos de la misma manera?

Hacemos pis por un conducto que se llama uretra. La uretra se conecta con la vejiga, el órgano que produce la orina, y permite su expulsión.

Cuerpo con pene

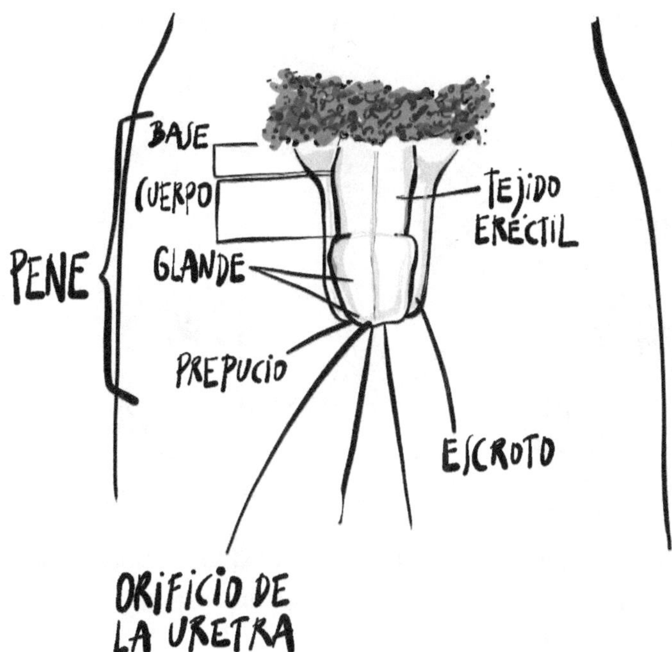

En el caso del cuerpo que tiene pene, la uretra se encuentra en el pene. El orificio de la uretra es el agujerito que está en el glande (la punta del pene); la orina comparte el orificio de salida con el semen.

El semen es un líquido viscoso que sale del pene al eyacular, y transporta los espermatozoides que se alojan en el escroto hasta su expulsión.

En el caso del cuerpo que tiene vulva, la uretra se encuentra por encima de la abertura vaginal y por debajo del clítoris. Es un orificio pequeño y separado, es decir, solo sale pis y no entra nada. También se lo conoce como meato urinario y de ese nombre nace la expresión "me estoy meando".

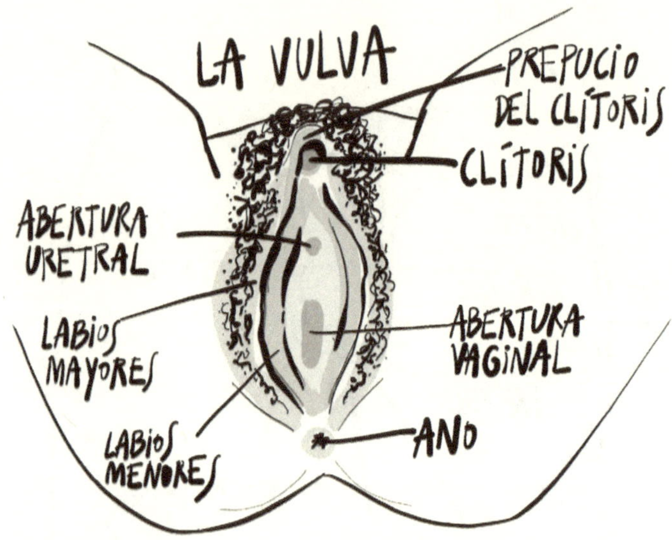

Los labios menores y mayores son los que recubren estas tres partecitas (clítoris, abertura uretral y abertura vaginal), son pliegues que protegen esta zona tan sensible.

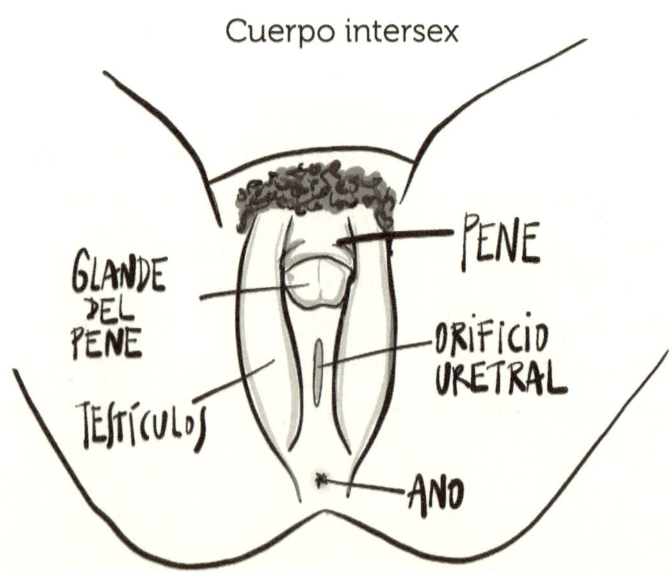

Finalmente, se ilustra una de las posibles variaciones en la genitalidad de una persona intersex. En este caso, elegimos la variación que presenta lo que la medicina llama "micro pene", los testículos tienen la forma de labios mayores y el orificio uretral es un agujerito separado, como en el caso de la vulva. Como dijimos, hay cerca de 50 variaciones conocidas, aquí ilustramos solo una a modo de ejemplo.

Estos últimos dos dibujos están desde una perspectiva que se llama "posición ginecológica", es decir, las piernas abiertas para exponer la genitalidad. Si bien es parte del sistema excretor y no genital, también ilustramos el ano porque está muy cerca al resto de los orificios y sirve para pensar en las conductas relacionadas con la higiene. Siempre se tiene que limpiar la zona de adelante hacia atrás, para no arrastrar materia fecal hacia los genitales. Aproximadamente, en un cuerpo adulto, tres centímetros separan el ano de los genitales.

Es importante poder diferenciar los distintos orificios de nuestros cuerpos, para poder tratarlos con respeto y con conductas apropiadas de higiene, así como también diferenciar el estado de salud de la enfermedad: ¿Cómo sabemos que algo no está bien si no sabemos cómo es cuando sí está bien? En el caso de los cuerpos con pene, la genitalidad está a la vista; entonces, si apareciera una llaga o un sarpullido, se vería enseguida. En el caso de los cuerpos con vulva, no es así; por lo tanto, se recomienda la autoexploración con un espejo, en "posición ginecológica", para así diferenciar cada parte e identificar los diferentes estados, desde el color de la piel, el olor de los fluidos, la frecuencia, etcétera.

El tamaño es una preocupación común. Si bien desde el enfoque médico se presentan "tamaños estándar", cada cuerpo será diferente. Por ejemplo, hay una leyenda que dice que existe una correspondencia entre las partes del cuerpo: el útero es del tamaño de un puño cerrado, o el tamaño del pene se corresponde con el tamaño de las manos de una persona.

Esas no son más que falsas reglas que intentan bajar las ansiedades que generan el no saber lo que hay debajo de la ropa interior, pero ¿es tan importante saber qué hay entre las piernas? O, mejor escrito, ¿es tan importante que esas reglas funcionen y nos digan algo al respecto? ¿Acaso estamos igual de preocupades por saber el tamaño que tiene nuestro cerebro? ¿Dependerá del tamaño del pie? ¿Quién calza 45 tendrá un cerebro grandote? Son solo algunas preguntas que nos sirven para correr el eje cuando "la preocupación por el tamaño" se haga presente, son preguntas que esperamos les ayuden a pensar en esas preocupaciones que no son propias, sino que pertenecen a un sistema que se asienta bajo la frase "cuanto más grande, mejor". Y no siempre es así, bien sabido está.

No vamos a hablar de promedios médicos, porque la medicina tiene sus propios cánones y mediciones. Lo que nos interesa es corrernos de esa pregunta, porque no nos agrega nada a la experiencia de nuestros cuerpos.

Pechos, mamas, tetas, lolas, bubis, delantera, ubres, melones, senos, gomas, memas, pechugas. ¿Qué otras se les ocurren? Hay tantas maneras de nombrar esta parte del cuerpo como tamaños y formas, ya sean naturales o artificiales.

Los senos crecen porque crece el resto del cuerpo, como crecen los brazos, la espalda, la cabeza, la cadera. La forma y el tamaño (¡el tamaño de nuevo!) de las mamas de cada persona es hereditaria, es decir, viene de la información genética de lxs progenitores. Y esto vale para lo bueno y para lo malo; por ejemplo, si en una familia hay historial de cáncer de mamas, se recomiendan controles médicos más frecuentes porque hay una predisposición genética a que la enfermedad se presente.

Los pechos cambian con el paso del tiempo y con los cuidados que se les brinden, como cualquier otra parte del cuerpo. La forma variará según si la persona decidió tener o no hijxs, si amantó o no, etc. Hasta el tipo de corpiño afecta la forma y la salud.

Si bien las mamas no son parte de los genitales, es una zona sexualizada y sobre la que los/as niños/as suelen preguntar, sobre todo si fueron amamantados/as. Casi terminando el libro, vamos a hablar sobre las partes íntimas que nadie puede tocar y cómo abordar el consentimiento.

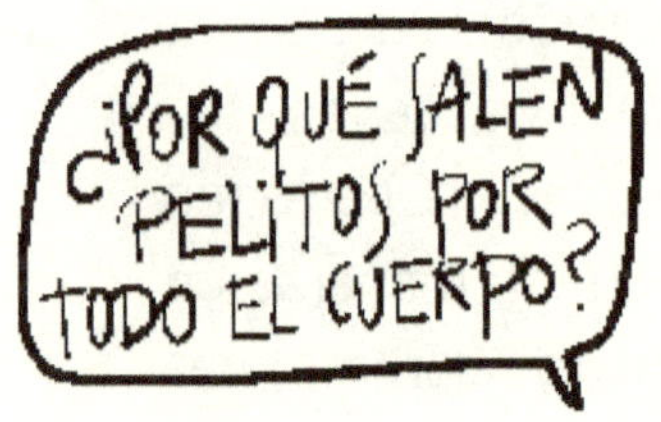

Los pelos o vellos de los cuerpos son como un ejército listo y preparado para hacer que los gérmenes y las bacterias se replieguen y no accedan. Todos los pelos tienen la función de cuidar y proteger nuestro cuerpo. Especialmente, crece más vello en aquellos lugares más sensibles a los agentes externos: la cabeza, los genitales y las axilas. Como agente externo también se piensa un golpe: el pelo de la cabeza amortigua aquellos golpes que nos damos contra la punta de una ventana o un estante.

¿Y por qué los pelos causan semejante fascinación y también entran a la categoría de *las incómodas*? Esto es porque sobre los pelos se habla mucho y, principalmente, porque sobre los pelos también rigen mandatos que son especialmente ridículos: para las personas que se autoperciben mujeres, depilarse es casi una obligación (aunque eso empieza a modificarse), mientras que para las personas que se autoperciben varones, perder el pelo es una verdadera tragedia.

Las incómodas pueden ser muchas y variadas. No se dejen intimidar por ellas, son siempre una oportunidad para hablar de estos temas que generan tantas especulaciones.

¿Que cuál es el principio?

Ternura de mi corazón, hay un montón de principios

porque hay un montón de historias,

pero yo quiero contar el principio de este amor,

que no te lo acordás bien vos.

Gabriela Cabezón Cámara en **La Virgen Cabeza**

Se podría escribir un libro entero con recopilaciones de las historias que circulan para explicar la llegada de une recién nacide al mundo. Las familias han inventado relatos fantásticos al servicio de evitar decir óvulo o espermatozoide: desde el pececito que se come mamá y crece en la panza, la cigüeña que viene de París, hasta el crecimiento en un repollo que se abriría y traería dentro un pequeño ser. ¿Recuerdan ustedes qué historia les contaron cuando preguntaron por los embarazos?

Cuántas preguntas sin respuesta, cuánta desconfianza sembrada y miedos innecesarios. Más de unx no comió pescado hasta muchos años después de escuchar esa historia, o miraba con recelo el repollo en la verdulería. Pues, con todas esas fabulaciones, al fin y al cabo lo que se estaba negando era el cuerpo.

Hoy las pequeñas personas también quieren saber sobre estos temas —como nosotrxs entonces— por eso, responder con la verdad es tan necesario como urgente (más adelante les contamos el cuentito de la fecundación). Si bien el humor siempre es bienvenido, es importante tomarse con seriedad la pregunta de la gestación, porque es legítima, es auténtica. Entonces, ante *las incómodas,* volvemos al recurso de la repregunta: determinar qué quieren saber exactamente va a ser siempre nuestro primer objetivo. Recuerden las preguntas disparadoras: ¿Qué sabés vos sobre esto? ¿Quién te lo contó?

Beatriz la polución en versión ilustrada para compartir.

En la novela ***Primavera con una esquina rota***, de Mario Benedetti, una de las voces narrativas es Beatriz, una niña que le pregunta a su familia por el significado de la palabra "polución"; al recibir respuestas esquivas o diferentes entre sí, Beatriz llega a sus propias y disparatadas conclusiones. Les dejamos la intriga sobre el final de la historia (el fragmento **Beatriz, la polución** se puede leer online, es muy corto), para que lo busquen y lo lean: el desafío es tratar de recordar si hubo palabras o frases en sus infancias que estuvieron cubiertas de sentidos poco claros, que recién de grandes pudieron entender y poner en contexto.

Clara se acaba de enterar de que su seño está embarazada y quiere que la torta sea rosa. Aún hoy, una de las primeras preguntas que se hace a una persona embarazada es si será nena o será nene. Otra situación conocida y repetida, porque no es una pregunta ingenua sino que implica toda una serie de expectativas a su alrededor. Desde el nombre que se le va a poner, el color de la ropa (o de la torta) que se le regalará y hasta la elucubración sobre su futuro profesional: ¿Será maestra? ¿Será ingeniero? ¿Será bailarina o jugador de fútbol?

Desde la escuela se trabaja la democratización de los colores, de las profesiones, de los deportes. Así como el rosa es un color de todxs, el fútbol es un deporte de todxs: el deporte de la cultura popular argentina, dicho sea de paso. Y con esta reflexión, se hace hincapié en la transversalidad de la ESI: cuando hablamos de la reproducción, también podemos hablar de las construcciones sociales (como lo son el género y sus horizontes de expectativas), así como de las emociones y sentimientos que se hacen cuerpo al transitar estas experiencias.

Finalmente, la mamá de Clara, rendida ante la insistencia de la hija, patea el tablero y le dice: "Rosa no, ¿hacemos la torta de chips de chocolate?". Su gesto es correrse del lugar común: si es nena, todo es rosa. No nos interesa hacer una teoría de géneros gourmet, sino detenernos en una pequeña decisión familiar que busca no reproducir esa asignación de arbitraria de colores.

Teniendo todo esto en cuenta, aquí les recomendamos: díganle *no* a las preguntas que reproducen estereotipos y limitan otras posibilidades. Ante una persona gestante, hagan preguntas integrales y que impliquen un cuidado amoroso: "¿Y estás feliz, triste, cansada, o todo junto? ¿Cuándo nacerá? ¿Tenés asco a alguna comida u olor en particular? ¿Necesitás que te ayude con algo?"

No nos enseñaron a pensar en lo que siente el otro o la otra, pero nosotrxs sí podemos enseñarle esto a las nuevas generaciones. Hacer el ejercicio de conocer a las personas, interesarnos en sus actividades y sentires, realizar comentarios y preguntas integrales, en esta época tan de fotos perfectas para las redes sociales. Hacer esas preguntas es hacer la revolución del amor.

8. Afectividad y orientación sexual

Abrazarse parece fácil,
pero nunca es fácil llegar hasta el abrazo.

Susy Shock en **Crianzas,**
historias para crecer en toda la diversidad

¿Qué es la afectividad? ¿Cómo se encarna en los hogares? ¿Qué lugar tiene la afectividad en el aula? ¿Es posible educar para hablar y reflexionar acerca de las propias emociones?

Durante mucho tiempo se creía que la afectividad solo pasaba en casa, y en la escuela teníamos que estar desafectadxs, tanto docentes como estudiantes. Tanto es así que hasta 1923, para aceptar el trabajo de maestras, las docentes firmaban un contrato que estipulaba que no se podían casar ni ser vistas con varones que no fueran sus padres o hermanos en la vía pública. ¡Estaba estipulado por contrato que la afectividad quedaba afuera de la escuela! ¡Imaginen el escándalo de una maestra embarazada en 1923!

Pero la afectividad, tarde o temprano, se develó; no se pudo negar más que en la escuela —como en cualquier otra situación de la vida cotidiana— hay emociones y sentimientos. Cuando están en la escuela, las personas se sienten alegres por estar rodeadas de seres queridos, o se sienten excluidas porque no hicieron amigues; se sienten frustradas o desafiadas ante algún contenido; se ponen tristes si no son elegidas para algún juego, o muy contrariadas cuando el amor no es correspondido. Todo eso pasa, y sería un error desestimar algunos de esos sentimientos porque "son chicos todavía":

¿Recuerdan sentimientos que hayan experimentado en la escuela? ¿Qué les pasó cuando recibieron una nota más alta de la esperada? ¿O cuando no pudieron terminar el famoso **test de Cooper**? ¿O cuando se enteraron de que la persona que les gustaba, gustaba de otrx?

Cuando hablamos de las emociones, las que nos hacen bien y las que nos hacen mal, hablamos de la ESI, y decimos que valorar la afectividad es importante porque implica pensarnos, revisar nuestras actitudes y sensaciones; parte de la tarea pedagógica es identificar los motivos de tristeza como los de alegría, darles lugar dentro del aula, en tanto que es un espacio de confianza y diálogo. Entonces, ante la pregunta "¿Es posible educar para hablar y reflexionar acerca de las propias emociones?" decimos "¡Sí, es posible!" Y es un proceso que se da en casa y en la escuela. Para explorar la afectividad podemos hacer preguntas como: ¿Querés que hablemos? ¿Estás preocupade por algo o alguien? ¿Qué sentís? ¿Qué estás haciendo? ¿Qué mirás en Instagram? Parece un consejo que se cae de maduro, pero las preguntas más sencillas suelen ser las que más respuestas abren.

Cuando les chiques le preguntaron a la seño Viole por su embarazo, ella empezó a relatar el proceso de fecundación desde mucho antes, desde las dos personas que "se quieren y se respetan". El relato que presenta la maestra es contextualizado, y hace explícita la afectividad, como parte de lo que queremos/podemos expresar. Siempre que nos pasa algo, hay emociones involucradas. Preguntar por esas emociones es educar sentimentalmente, es educar para poder hablar de lo que nos pasa.

Y educar en igualdad, en cuanto a sentimientos, es tan importante como educar en igualdad sobre las perspectivas profesionales de una persona. Porque aquí también rigen "permitidos para varones" y "permitidos para mujeres": ser mujer implica ternura, dependencia, miedo, debilidad, etc.; ser varón involucra agresividad, racionalidad,

48 frases que las mujeres escuchan a lo largo de su vida.

48 frases que los varones escuchan a lo largo de su vida.

franqueza, etc. (Bustos, 2005). Y si lo pensamos más allá, también rigen los "no permitidos": los varones no lloran y las mujeres no racionalizan. Pues bien, ¿cómo abolir esos estereotipos, esos dualismos adheridos al binomio varón-mujer? Mejor aún, ¿cómo mantener las características consideradas positivas que sí deseamos seguir reproduciendo? ¿Cómo hacer para que la ternura y la franqueza se conviertan en valores *unisex*?

La escuela y la familia no son las únicas instituciones involucradas en la reproducción de estos estereotipos. Los medios masivos de comunicación también nos educan sentimentalmente, con una idea muy romantizada y —hasta nos atrevemos a decir— equivocada del amor: vemos, leemos, escuchamos relatos de amor que solo parecen merecer las personas que son hegemónicamente bellas (de piel clara, con cuerpos esbeltos, heterosexuales); vínculos colmados de premisas como "porque te quiere, te cela"; el errado discurso "dice que no, pero en verdad quiere decir sí"; y podríamos seguir enumerando otros tantos malos ejemplos que seguro les están viniendo al recuerdo.

De a poco empiezan a aparecer representaciones no tan romantizadas, donde nuestras heroínas no esperan al príncipe sino que salen a buscar su destino; es el caso de **Valiente,** película de Disney Pixar, cuya princesa no quiere casarse sino salir a buscar su destino con su arco y su flecha. También hay un abanico de cuentos que vienen a romper el estereotipo que nombramos en el párrafo anterior; por elegir uno, el cuento **Rey y Rey** de Linda de Haan y Stern Nijland aborda los mandatos y la afectividad a través del relato de un joven príncipe que se enamora del príncipe Azul. Sin embargo, la diversidad no aparece como la protagonista del cuento, sino que es el primer amor, la afectividad que se pone en juego en esa primera vez que nos enamoramos (Larralde, 2015).

La orientación sexual no queda sellada en un instante, en esa primera experiencia, de una vez y para siempre. Cortito y al pie: la orientación sexual es la atracción erótica-afectiva que se siente por un otre. Es dinámica, puede atravesar diferentes estados en una misma vida. Cuando decimos que es dinámica nos referimos a que no hay una manera de ser gay o lesbiana o bisexual o pansexual. Cada quien va a encontrar la manera que más placer le da al momento de vincularse.

Hay incluso personas muy bienintencionadas que aún hoy se preguntan: ¿Y por qué son homosexuales? ¿Les pasó algo, un trauma o algo así? Pues no. Y aquí damos vuelta la pregunta, para pensar la orientación sexual desde otros ángulos: Y vos, ¿cuándo te diste cuenta de que eras heterosexual u homosexual o bisexual o (complete como le parezca)?

Crecimos bajo la idea de presunción de heterosexualidad, es decir, todxs somos heterosexuales hasta que se demuestre lo contrario. Sin ir más lejos, cuando un niño es pequeño le preguntamos "¿Y? ¿Ya tenés noviecita?" Y si es una niña, "¿Y? ¿Ya tenés noviecito?". De a poco, este paradigma se empieza a modificar: las nuevas generaciones tienen más naturalizada la diferencia que la norma. Claro que esto depende de muchos factores, pero lentamente se empieza a normalizar que las personas y los vínculos que establecemos son tan diversos como la mismísima naturaleza.

Muchas veces, las familias —y la escuela también— tienen la necesidad de poner etiquetas y sentir que tienen que "hacer algo" cuando un niño juega con vestidos, o una niña se muestra atraída por otra niña. Identificar esa necesidad como adultocentrista es el primer paso para desintoxicarnos de esas etiquetas, que no son necesarias, porque ninguna de esas situaciones son problemáticas.

Pero sobre todo porque, como en todas las aristas de la sexualidad, la orientación sexual también va mutando, modificándose, con el tiempo y el espacio. Es nuestro trabajo, como adultxs, respetar y enseñar a respetar todas las vivencias de afectividad, mientras sean consentidas por todas las partes, en todo momento.

9. Fecundación

A todos nos gustaría creer que solo provenimos de nosotros mismos,
que todos nuestros gestos son propios.
Pero entonces descubrimos que pertenecemos a la historia
y al destino de un gran linaje de seres humanos
que también podrían haber deseado ser libres.

Patti Smith en **Devoción**

Por lo general, la pregunta de les chiques sobre el embarazo apunta al dato biológico (la fecundación, el desarrollo, el nacimiento). Sin eludir esa información, se recomienda ampliar la respuesta con la esfera de lo emocional. Tal como dijimos en el apartado anterior, valorar la afectividad es uno de los objetivos de la ESI, no solo en una pareja sino en nuestra vida diaria. Y ya está, no le metemos más misterio a cómo hablar de fecundación.

Primero, volvemos a la idea de que todxs tenemos cuerpos distintos: algunas personas tienen útero y vulva, otras tienen testículos y penes, otras tienen variaciones de esos órganos tal como explicamos cuando hablamos de personas intersex.

El cuentito de la fecundación viene a ser algo así: el cuerpo de las mujeres tiene dos órganos (como los pulmones o el corazón) que se llaman ovarios y que producen células muy pequeñas, que se denominan óvulos. Mientras tanto, el cuerpo del varón tiene dos órganos que se llaman testículos y ellos producen espermatozoides. Tanto los óvulos como los espermatozoides son células microscópicas, es decir, solo las podemos ver con un microscopio mediante.

Es importante aclarar aquí que para que el cuerpo produzca estas células, las personas tienen que alcanzar la pubertad. Este libro está dedicado a niños y niñas que van hacia esa etapa, pero aún están en una etapa anterior. Aun así, podemos contar que en la pubertad los cuerpos sufren muchos cambios: desde la altura, la cantidad de vello corporal, el timbre de la voz hasta los gustos e intereses. Las hormonas empiezan a revolucionar todo: los cuerpos con útero se acercan a la menarca (que es la primera menstruación) y los cuerpos con pene experimentan erecciones estimuladas y espontáneas por primera vez. Estos desarrollos empiezan en la pubertad y, aunque las personas en esta etapa no estén lo suficientemente preparadxs para reproducirse, gracias a ellos existe la posibilidad de procreación. Por eso es importante conocer cómo funcionan nuestros cuerpos, para tomar siempre decisiones con toda la información posible.

Cuando el óvulo se encuentra con un espermatozoide, se genera algo nuevo: un embrión. Clara utiliza, en su relato, la metáfora del huevo y el azúcar. Éste es un reemplazo potente porque lleva algo microscópico a algo bien concreto y conocido: para continuar con esa metáfora, cuando se junta un óvulo y un espermatozoide se crea algo nuevo, algo que ya no es ni óvulo ni espermatozoide sino un embrión. ¿Y cómo se encuentran los espermatozoides y el óvulo? Pues no hay una sola manera. La forma más común es por medio de la penetración del pene en la vagina. Cuando eso pasa, el pene lanza un líquido un poco transparente en el que nadan millones de espermatozoides que tienen una sola idea fija: llegar al óvulo. El primer espermatozoide que se encuentre con un óvulo será el que produzca una nueva célula, el embrión.

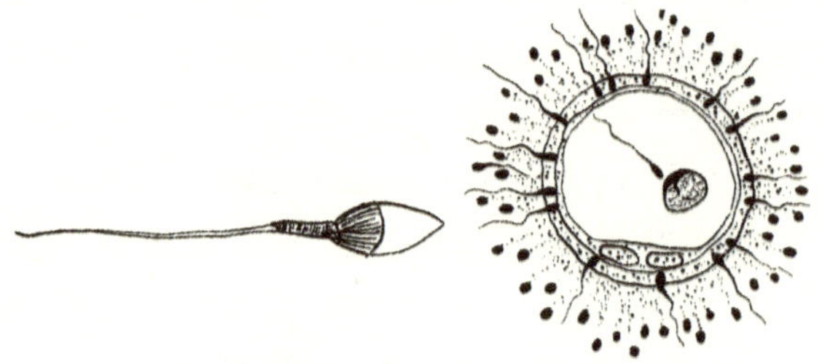

En la imagen del cuerpo de la maestra, se encuentran ilustrados el útero y el momento de la fecundación: cuando un espermatozoide logra entrar a un óvulo. La fecundación sucede en la trompa, apenas el óvulo sale ya maduro del ovario. Esta imagen es bien explícita, es difícil imaginarse algo tan microscópico y ponerle una imagen concreta ayuda a su comprensión. Por eso, tomamos la decisión de hacer primerísimos primeros planos al momento de ilustrar la fecundación, así el cuentito puede ser ayudado por un cuerpo que les dé contexto a esos órganos tan chiquititos.

El embrión es una nueva célula, que está compuesta por células femeninas y masculinas, que aportan el óvulo y el espermatozoide. El embrión va creciendo y tomando forma humana con el paso del tiempo. Se aloja en el útero, pero no se vale por sí mismo. El cordón umbilical une al embrión con la persona gestante, y así se alimenta y se desarrolla durante nueve meses.

El embrión es la etapa inicial de un ser humano, luego viene la etapa intermedia que se denomina feto (a partir de las 12 semanas) y bebé cuando sale del cuerpo de la persona gestante y respira por sí mismx (Sadler, 2001). Es decir, para que el embrión llegue a ser considerado "bebé", el primer requisito será que salga del cuerpo de la persona gestante, respire y se despliegue con cierta autonomía.

Para evitar que suceda la fecundación, se usan métodos anticonceptivos, que no solo evitan los embarazos sino que previenen las infecciones de transmisión sexual (ITS). Brevemente vamos a explicar cómo funcionan algunos, que irán acompañados de una ilustración para que las familias puedan decidir cuándo incluirlos, o los tengan a mano cuando le niñe pregunte: ¿Qué es un preservativo?

PRESERVATIVO

Es un método de barrera que se coloca en el pene ni bien las personas están desnudas, ya que el pene (ni bien está erecto) empieza a liberar líquido seminal, que contiene espermatozoides. Es el método más importante, porque es el único que previene la transmisión de infecciones sexuales (como el VIH, el HPV, la clamidia, entre otras). Además, es el método más efectivo si está bien colocado, es decir, se debe tomar desde la punta y extender a lo largo del pene; allí donde sobresale esa punta de látex se alojará el semen cuando se produzca la eyaculación (liberación del semen).

Hablamos de Infecciones de Transmisión Sexual (ITS), porque la gran mayoría de ellas se curan con antibióticos. Se las empieza a denominar enfermedades cuando no se recibe tratamiento médico a tiempo, es decir, cuando la infección avanza y se convierte en una enfermedad, con la que probablemente las personas convivan el resto de sus vidas. Un claro ejemplo de esto es el VPH (Virus del Papiloma Humano, más conocido por sus siglas en inglés: HPV). Comienza como llagas en el interior de la vagina, es decir, no son visibles. Pero sí se puede notar un cambio en el flujo, de color o de olor, y eso nos indica que se debe consultar a un médico/a. Si no se trata, una de las consecuencias es el cáncer. En los penes es más fácil de ver el VPH, porque las llagas se alojan a la vista, y también requieren atención médica inmediata.

Los preservativos, en Argentina, se entregan de manera gratuita en diferentes dependencias, hospitales, salitas de emergencias, escuelas, universidades, etc. A partir de los 13 años, cualquier persona puede acceder a este método anticonceptivo.

Es el dispositivo intrauterino que un/a médico/a coloca en el útero, con el fin de evitar embarazos. Es un método seguro, efectivo y reversible; en comparación con las pastillas anticonceptivas, el DIU sí puede ser usado durante la lactancia y en mujeres que fuman o tienen riesgo cardiovascular. En Argentina es parte de la canasta básica de métodos que son cubiertos por la salud pública y privada, sin embargo solo el 9,2% de las personas lo utiliza. En el resto del mundo es el segundo método más utilizado, pero solo el 5% está en América Latina y el Caribe (Lucheti, Romero; 2017).

Es un implante plástico que se coloca bajo la piel, y que libera una hormona (progestágeno) con el fin de evitar la ovulación —que madure el óvulo—. En Argentina se coloca gratuitamente en todos los hospitales públicos. Tienen prioridad lxs jóvenes hasta los 24 años y, una vez puesto, dura hasta 3 años.

Son tabletas de pastillas que vienen en dos presentaciones (de 21 o de 28 días). Se toma una pastilla por día, durante todo el mes, comenzando el día 1 del ciclo menstrual. La carga hormonal se toma por 21 días y se descansa una semana; las tabletas que son de 28 pastillas tienen 7 pastillas más que funcionan como placebo, con el fin de no perder la costumbre de la toma diaria, y no olvidar empezar con la tableta nueva el día 29 (es decir, el 1º del ciclo siguiente).

Hay muchas marcas y combinaciones de hormonas, por eso es importante que las recete un/a médico/a, luego de hacer un chequeo de control, para evaluar integralmente a la persona y decidir qué composición es la adecuada.

Cabe destacar que las pastillas anticonceptivas son un método que lleva muchos riesgos por las altas dosis de hormonas que se consumen durante años, y que se desaconseja su uso a personas mayores de 30 años y, especialmente, si son fumadoras.

Anticonceptivo Hormonal de Emergencia: más conocida como "la pastilla del día después", o mal nombrada así. ¿Por qué mal nombrada? Porque esta pastilla no se toma al otro día, sino inmediatamente después de haber tenido relaciones sexuales sin ningún tipo de método anticonceptivo o en el caso de que haya fallado el método utilizado, por ejemplo, que se saliera el preservativo o el olvido de tomar la pastilla anticonceptiva del día. A grandes rasgos, esta pastilla engrosa el cuello del útero para bloquear el paso de los espermatozoides. Si bien se puede tomar durante las 72 horas posteriores al "accidente", cuanto antes se tome, menores serán los riesgos.

Vamos a derribar tres mitos respecto de esta pastilla:

MITO NÚMERO 1: ES ABORTIVA.

Falso. La pastilla solo engrosa el conducto vaginal por el que pasan los espermatozoides. Si éstos ya pasaron y ya hubo fecundación, la pastilla no habrá logrado su cometido y no afecta al embrión.

MITO NÚMERO 2: SE PUEDE USAR COMO MÉTODO ANTICONCEPTIVO.

Falso. Esta pastilla tiene una carga hormonal altísima y la gran mayoría de las veces produce efectos secundarios como, por ejemplo, que se apresure el ciclo menstrual, dolores de cabeza, diarrea, etc. Para el cuerpo es un shock de hormonas, como una descarga eléctrica, y eso nunca puede hacer bien. Justamente se llama "de emergencia" para dar a entender que solo debe ser tomada en casos extremos, aunque sea de venta libre.

MITO NÚMERO 3: PRODUCE ACOSTUMBRAMIENTO Y DEJA DE HACER EFECTO.

———————

Falso. Se recomienda no tomar más de dos pastillas hormonales de emergencia por año, pero no porque deje de hacer efecto ni produzca acostumbramiento, sino porque —como dijimos más arriba— es un impacto muy grande para el cuerpo.

Hay otros métodos anticonceptivos, como el preservativo femenino, los parches hormonales, la vasectomía y la ligadura de trompas, pero aquí nos centramos en los métodos más comunes, sobre los que suele haber preguntas porque están en la cotidianidad. En particular, el preservativo masculino. Es importante que todos/as se familiaricen con este método anticonceptivo: promover su uso en todas las relaciones sexuales de manera adecuada es apuntar a una salud sexual responsable, de la que todos y todas somos responsables.

En la adolescencia se arrastran errores que pueden ser catastróficos como, por ejemplo, que el preservativo es responsabilidad del varón. Por eso, cuanto antes les chiques se empiecen a familiarizar, y no lo vean como algo lejano, mucho mejor. Con información y con confianza en sus conocimientos, van a llegar con otras ideas de cuidado a la pubertad.

10. Desarrollo del niño/a/e durante la gestación

Hablar del desarrollo del embrión y del feto, durante los 9 meses, humaniza ese cuento de ciencia ficción al mejor estilo Alien, que imaginan algunxs niñxs. Contarles qué pasa en cada trimestre, cómo va creciendo el embrión y el feto, es parte de llevar a lo concreto algo que, para les niñes, es muy abstracto. ¡Pucha! Si a veces hasta para les adultes es complejo imaginarse un ser dentro de otro ser, como una **mamushka**.

Para agrupar los cambios que van sucediendo durante las cuarenta semanas del embarazo, vamos a describir el proceso en trimestres, de esta manera no omitimos información. Pero tampoco somos tan detallistas, si no cuando llegamos al mes 6 ¡estamos todes aburrides!

Primer trimestre (semana 0-12):

———

Luego de la fecundación, tema que ya desarrollamos, empiezan a desarrollarse el embrión y la placenta (órgano "efímero" que se aloja en el útero y será el encargado de brindar al embrión todo lo necesario, a través del cordón umbilical). En las primeras semanas del embarazo, el útero tiene forma de pera invertida, las mamas se empiezan a preparar para la lactancia y el sistema músculo-esquelético empieza a sufrir modificaciones, especialmente en la zona lumbar, es decir, la zona baja de la espalda. También "durante el embarazo el consumo de oxígeno aumenta un 20%" (Carvajal, Ralph T., 2017: 28), esto es necesario para el desarrollo del embrión y la placenta.

Recién a partir de la semana 4 y media se empieza a ver el saco gestacional, y en la semana 6, el embrión (Carvajal, Ralph T., 2017). En estas primeras 12 semanas, el corazón es de lo primero que se forma y empieza a bombear líquidos, el embrión empieza a alargarse y se forman la mayoría de los órganos internos. Cuando termina la semana 12, el embrión pasa a denominarse feto y se extiende a la totalidad del útero, es decir, ocupa todo el espacio disponible.

Segundo trimestre (semana 13 - 24):

———

A partir de la semana 14, las personas gestantes ya suelen sentirse mejor, sin náuseas ni tanto dolor en la espalda. Dicen, quienes saben que es el momento de disfrutar más el embarazo. Durante este periodo se puede llegar a conocer el sexo del feto.

La panza empieza a crecer y ya no se puede disimular su crecimiento (ninguna blusa holgada hace magia), el feto comienza a oír y tiene capacidad y fuerza para moverse, por eso, entre la semana

14 y la 16, pueden empezar a sentirse los movimientos del feto dentro del útero.

A partir de la semana 24, el feto puede sobrevivir fuera de la panza de la persona gestante. Obviamente no es lo ideal, pero está lo suficientemente "completo" como para recurrir a esta medida extrema si la vida de la persona gestante está en peligro.

Tercer trimestre (semana 25 - 40):

Es la etapa más molesta para las personas gestantes. Vuelven los dolores de espalda, la acidez estomacal y se suma la ansiedad por el parto y la llegada del nuevo ser humano. Toda una montaña rusa de emociones.

En este último periodo, los pulmones continúan su maduración hasta casi el momento del parto. El cerebro acumula células nuevas durante todo el embarazo y durante el primer año de vida después del nacimiento. También, durante este periodo, los fetos se empiezan a acomodar para el momento del parto. Algunos encajan sus cabezas en el canal vaginal tempranamente, otros a último momento o lo hacen de nalgas. Otros, no llegan a acomodarse. Pero de los partos vamos a hablar más adelante.

Como control rutinario, se recomienda solicitar cuatro ecografías durante el embarazo (Carvajal, Ralph T. 2017: 76):

1º control: 7-12 semanas
2º control: 11-14 semanas
3º control: 20-24 semanas
32-36 semanas: a partir de aquí, el/la médico/a puede considerar hacer una ecografía por semana, para determinar cómo se va

acomodando el feto para el momento del parto y prever posibles complicaciones (como placenta previa u otros problemas de salud que puede tener la persona gestante desde antes).

Este apartado tiene algunos datos que tal vez decidan no agregar a sus relatos, nuestra intención es que las personas adultas completen la información que tienen sobre el tema, para estar más preparados/as al momento de encarar esta conversación con los/as más pequeños/as. En la historia de Clara, verán las cuatro etapas del embarazo, por eso es importante llenar de ideas científicas y actualizadas aquellos dibujos.

11. Tipos de parto

Desde ya le agradezco su atención
y desde lo más profundo de mi vagina
 —fuente de la desigualdad de género que me acompaña—
le dispenso un cordial y afectuoso saludo.

Carolina Justo Von Lurzer en **Mamá mala**

Diosa Azteca Tlazoltéotl pariendo.

Los partos tienen su propia historia. No solo la personal, sino la histórico-social. Las primeras representaciones (estatuillas, pinturas) mostraban a las personas pariendo de pie o en cuclillas. Les desafío a que busquen en *Google imágenes* "Diosa Azteca Tlazoltéotl pariendo", donde se muestra a la mujer en cuclillas,

Mujer pariendo en Çatal Hüyük.

o "mujer pariendo en Çatal Hüyük" (Anatolia, hoy Turquía), que es una estatuilla de 6 mil años de antigüedad y se muestra a la mujer sentada en una suerte de trono y el recién nacide saliendo de ella.

Cuenta la historia (aunque se debate sobre el origen de este dato) que el rey Luis XIV de Francia (conocido como "el Rey Sol", 1638-1715) quería ver el nacimiento de su primer hijo. Entonces, le exigió a su esposa (¡la reina!) que se acostara en el momento del parto. Al médico que asistió el parto, François Moriceau, esta posición le pareció apropiada, porque no tenía ni que ponerse de rodillas ni acostarse en los pies de la parturienta. Esta práctica se fue extendiendo porque resultó cómoda para los médicos —todos varones en aquella época—. Otro dato curioso: se dice que esta historia aplica al primer hijo del Rey Sol, pero no sabemos si pidió lo mismo en todos los nacimientos de sus hijes, en total 19 (claro, con distintas mujeres).

Hoy por hoy, los partos no están libres de violencias obstétricas, pero sí hay muchísima más información, tanto para conocer los efectos de cada medicamento suministrado para parir o las alternativas al parto en el hospital, así como también para contar con diversos acompañamientos, por ejemplo, con la figura de la *doula*.

Cuando los/as chicos/as pregunten por el parto, es necesario explicar que hay dos maneras de venir al mundo: parto vaginal, también llamado 'natural', y cesárea. En contraposición, ¿podríamos llamarlo 'artificial'? De alguna manera lo es: es la forma que encontró la medicina moderna para ayudar a los nacimientos más complejos, con el fin de bajar la tasa de mortalidad tanto de las personas gestantes como así también de les recién nacides.

Sobre el parto vaginal se les puede contar que, en la primera etapa del trabajo de parto, el feto se empieza a acomodar boca abajo, hacia el canal de parto, para atravesar la vagina y llegar a este mundo. Como cada cuerpo es único, cada parto es diferente y depende de muchos factores: si la persona tuvo otros partos antes, si tiene algún problema de salud preexistente, si es de contextura pequeña o más grande; algunos partos duran poco y otros duran muchas horas. Y finalmente, la persona gestante puja, inhala y exhala, hasta que el feto llega a este mundo, respira y llora para convertirse en une recién nacide.

En el caso del parto por cesárea, se realiza un pequeño corte en la parte más baja de la panza, se corta la bolsa donde está el feto y el o la obstetra saca al bebé, y vuelve a coser todo de nuevo. Es una cirugía de rutina, y se aplica una anestesia localizada que duerme el cuerpo, pero la persona sigue despierta y consciente, así puede conocer a su hije ni bien llega al mundo.

En ambos tipos de parto, se corta el cordón umbilical y se hace un nudito. Cuando lleguemos a esta parte, es bueno mostrarles en nuestros cuerpos el ombligo, es por donde la persona gestante y la gestada se comunicaron durante 9 meses.

Nombrar las dos maneras de venir a este mundo es hablar de alternativas, de la diversidad hasta en el nacer −salvando las distancias de cada caso particular−, si algo tenemos todxs en común es que fuimos gestadxs y llegamos al mundo desde el cuerpo de otra persona.

Se recomienda, incluso, contar la historia del parto de ese niñe (o de les hermanites): puede ser un momento muy emotivo para compartir en familia. Cada quien va a decidir qué contar, si fue un embarazo sorpresivo o planificado, si tuvieron antojos, cómo fue que empezó el parto, si hubo mucho dolor o duró pocas horas.

Esos detalles ayudan a poner al niñe en la situación del nacimiento, como algo real, una situación de la que fue parte protagonista.

En el caso de Clara, la maestra enseñó sobre los dos tipos de parto, pero fue una conversación en grupo, donde se abordaron contenidos médicos, que pertenecen a lo que llamamos *enfoque biologicista*. Esta mirada que se conjugó con el *enfoque vincular*, que se detalló en apartados anteriores. La escuela se aproxima a este tema de manera integral, pero en casa podemos hacerlo de manera personal, por eso la recomendación de hablar de nuestra propia historia.

Como verán, omitimos información que hace a términos médicos, científicos, que son difíciles de recordar, para quedarnos con la narrativa, con ese momento donde se es puro cuerpo "sintiente". A veces es mejor que palabras como "contracción" o "anestesia" aparezcan en una historia concreta antes que como un contenido más ligado a la escuela o a una primera aproximación al tema.

Ahora bien, si hasta aquí hablamos de personas gestantes es porque estamos preparando el terreno para hablar, más adelante, de fecundación artificial, adopción y de vientre subrogado. No siempre la historia del nacimiento es tan sencilla como la que relatamos arriba, por eso le vamos a dedicar apartados distintos.

12. Personas gestantes e identidad de género

Voy a hacerte una confesión: estoy un poco asustada. Es que no sé adónde me llevará esta libertad mía. No es arbitraria ni libertina. Pero ando suelta.

Clarice Lispector en **Agua viva**

Hasta aquí, atravesamos la afectividad y la orientación sexual, y nos zambullimos en los datos biológicos que hacen a la historia de la fecundación y los partos. En este apartado, como dice la expresión popular, vamos a hilar fino.

Si bien con los/as/es chiques es más cómodo hablar de *mamá*, en lugar de *persona gestante*, lxs adultxs tenemos que hacer un esfuerzo por nombrar las cosas como son. No solo porque sabemos que madre no se nace sino que se hace, sino fundamentalmente porque hay personas gestantes que se autoperciben como padres.

La ley de identidad de género (Ley 26743, 2012) dicta que una persona puede pedir el cambio de género a nivel registral, sin que eso implique ningún tipo de evaluación psicológica o psiquiátrica ni tampoco una intervención hormonal o quirúrgica. Con la anuencia de la persona mayor de edad, se puede iniciar el trámite, y la salud pública y privada (prepagas y obras sociales) se encuentran obligadas a responder con el tratamiento hormonal y/o quirúrgico, si así lo deseara la persona. En el artículo 2 dice:

"Se entiende por identidad de género a la vivencia interna e individual del género tal como cada persona la siente, la cual puede corresponder o no con el sexo asignado al momento del nacimiento, incluyendo la vivencia personal del cuerpo. Esto puede involucrar la modificación de la apariencia o la función corporal a través de medios farmacológicos, quirúrgicos o de otra índole, siempre que ello sea libremente escogido. También incluye otras expresiones de género, como la vestimenta, el modo de hablar y los modales."

Es decir, no importa cuál haya sido el dato biológico al nacer, no importa lo que haya gritado la partera, lo que importa es la autopercepción y lo que elegimos decirle al mundo sobre nosotres mismes. Hace muy poquito la Argentina decretó (476, 2021) que "se debe reconocer el derecho a la identificación a aquellas personas cuya identidad de género se encuentre comprendida en opciones

Susy Shock lee "Yo Monstruo Mío", de "Poemario Trans Pirado"

tales como no binaria, indeterminada, no especificada, indefinida, no informada, autopercibida, no consignada; u otra opción con la que pudiera reconocerse la persona, que no se corresponda con el binario femenino/masculino", sumándose así a los Estados que, alrededor del mundo, suman a sus documentos de identidad un tercer género. Esto fue una demanda cuando, en 2012, se aprobó la ley de identidad de género (Ley 26743, 2012), pero en ese momento se consideró muy problemática su incorporación, ya que la Argentina es parte integrante de la Organización de Aviación Civil Internacional (OACI), que regula las normas, políticas y métodos recomendados para alcanzar seguridad y eficiencia en la aviación civil internacional y, al no existir el tercer género en otros países, las personas que intentaran salir del país a Estados que no contemplan esta opción podrían tener problemas. En este momento, esto sigue vigente, pero cada vez hay más Estados que adhieren a algún tipo de tercer género (neutro en Malta, otro en India, X en Canadá, etc.)

Todes nos expresamos de diferentes maneras, todes decimos algo de nosotres con las prendas y accesorios que llevamos puestos; por ejemplo, sería impensable que una persona vegetariana y defensora de los derechos de los animales usara botas de cuero vacuno. Estamos diciendo algo de nosotros mismes cada vez que nos ponemos una camiseta de fútbol, un símbolo religioso en el cuello, una remera de Los Simpson o de una banda de rock. Pues la misma premisa se aplica a las personas trans: se visten como más cómodas se sientan en su propia piel. Habitar un cuerpo que no se rige por la norma y las expectativas de una sociedad no es sencillo. Si bien todos tenemos una identidad de género y, por tanto, tenemos que desarrollar un rol, también es cierto que cuanto más al margen de la norma estemos, más nos va a costar sobrevivir en este sistema.

Estamos más acostumbrades a ver mujeres trans (Flor de la V es una de las caras más visibles de ese ***ser mujer trans,*** incluso ella redobló la apuesta, se casó con un varón y se convirtió en madre a través del alquiler de vientre), aquí es necesario nombrar que también existen varones trans. Es decir, la persona nació con genitales femeninos y se autopercibe como varón. Si desea reproducirse, una de las opciones que tiene el varón trans es gestar en su cuerpo, y otra opción es donar su óvulo y que geste su pareja (en el caso que tenga genitales femeninos). Más allá de las opciones, lo importante es que asume su rol como padre, si así se autopercibe.

Para leer la noticia entera.

Son varias las historias que los diarios nos han contado durante estos últimos años. Lo siguen contando como algo extraordinario ("Óvulo de papá, vientre de mamá": la historia de un hombre trans que acaba de convertirse en padre con sus propios óvulos), pero cada vez son menos noticia, y más acontecimientos de la vida cotidiana.

Más allá de la reproducción, las personas trans adultas han sido niñes en algún momento de sus vidas. El devenir de un género a otro es distinto en cada caso, y no nos interesa meternos en los detalles anecdóticos como si usaban alguna prenda en particular, o si querían jugar con determinado juguete. No hay una regla ni un protocolo que deban seguir las personas para sentirse y ser consideradas trans. Lo importante es que la persona sea feliz habitando ese cuerpo y pueda expresar lo que siente, a lo largo y a lo ancho de su vida.

Pero si quieren datos, acá van algunos: las estadísticas no oficiales de los países que están a la vanguardia de esta temática consideran que "la prevalencia (número de individuos que tienen la misma condición en relación con una población) es de 1 cada 12 mil transexuales de varón a mujer, y 1 cada 30 mil de mujer a varón" (Helien, Piotto, 2012: 74). Pero los números son números; si consideramos a las personas que están representando, nos damos cuenta de que podríamos estar ayudando a que más niñxs tengan infancias felices y libres de cánones impuestos. Sean o no sean trans, esto aplica para todxs.

En el 2014 se publicó y se presentó en varios espacios el libro *Yo nena, yo princesa* y comenzó la circulación del documental que lleva el mismo nombre. Este libro cuenta la historia de Luana, una

Tráiler de la película Yo nena, yo princesa estrenada en 2021 por la Universidad de La Matanza

niña que nació con genitales masculinos y fue nombrada como Manuel, pero a los dos años dijo "Yo nena, yo princesa". Su mamá, Gabriela Mansilla, quien escribe ese libro y relata las dificultades del devenir de su hija, cuenta que describe cada situación para que otras familias y otres docentes puedan ayudar a otrxs niñxs a que tengan experiencias infantiles que no limiten su modo de expresarse (Mansilla, 2014).

A los siete años, Luana ya tenía su documento nacional que legitima su identidad de género autopercibida. Pero lo verdaderamente importante es que hoy transita la escuela tal como se siente, no tiene que calzarse un estereotipo que limite su identidad: puede ser una dama antigua en el acto del 25 de mayo y no un caballero con paraguas.

Tal como fue la historia de Luana, si la persona es menor de edad, el artículo 5 de la ley de identidad de género (Ley 26743, 2012) establece que es necesario el consentimiento de sus representantes legales, entre algunos otros requisitos. Y las intervenciones quirúrgicas y hormonales no pueden empezar antes de la adolescencia.

La ley de identidad de género (Ley 26743, 2012) vino a darle un marco legal a las personas trans, para que no sean más llamadas con un nombre que nos les identifica ni en un local donde pasan la tarjeta de débito, ni en un hospital, ni en la escuela. Esta ley es hija del inmenso trabajo de los movimientos homosexuales, trans y disidentes; estos han puesto —y continúan poniendo— en evidencia los mecanismos y estrategias que la sociedad sigue usando para la exclusión. El decreto 476 que incorpora la X como un tercer género es, sin dudas, una profundización de esta perspectiva de derechos.

La ley de cupo laboral trans (Decreto 721, 2020) es una extensión de la ley de identidad de género. Viene a cubrir una necesidad bien concreta de esta comunidad: mercado laboral disponible para las personas que se autoperciben del género distinto del asignado al nacer. La expectativa de vida de las personas trans alcanza los 41 años en promedio (Berkins, Fernández; 2013). La principal causa de muerte es el Sida y el segundo motivo es el asesinato. Estos números brutales responden a la calidad de vida: la mayoría de las personas trans son abandonadas por sus familias, arrojadas al exilio de la casa familiar, y deben recurrir a la prostitución como salida laboral.

La proliferación de los movimientos LGTTTBQI*, con sus actividades y sus reivindicaciones visibles, más tarde o más temprano, han hecho mella en el sistema jurídico y administrativo estatal. No han logrado revertirse estos números tan tristes, pero consideramos que la ley de cupo laboral trans representa una oportunidad para darlos vuelta. O al menos pone en relevancia la idea de que, al fin y al cabo, lo que importa son las capacidades profesionales, la formación y especialización de la persona, y no su identidad de género.

Este capítulo es principalmente para las familias. En la historia de Clara podemos saltearlo, nada nos lleva a hablar de personas trans explícitamente, pero consideramos necesario, como parte de este recorrido, detenernos en estas historias y formas de experimentar el mundo, porque existen y nos podemos cruzar con estas historias de vida doblando la esquina. Tener información es saber cómo ser respetuoso/a, cómo evitar el humor que lastima, aceptar que no todes somos iguales.

¡Pues, sigamos adelante!

13. Inseminación artificial y vientre subrogado

Es la historia de una familia extraña

y a veces pienso que todas las familias algo de extraño tendrán

y lo disimulan.

Aurora Venturini en **Las Primas**

Recapitulamos: consideramos que una persona se convierte en madre cuando desea maternar, o padre cuando desea paternar. Es decir, amar, cuidar y acompañar el desarrollo de un pequeño ser.

A veces, la biología no ayuda ni un poco y, por mucho deseo que arda en los cuerpos, algunas personas no pueden reproducirse; no consiguen que el óvulo sea fecundado, que los espermatozoides lleguen al óvulo, o que el embarazo se desarrolle normalmente, u otras tantas situaciones. Entonces recurren a métodos médicos de hormonización o inseminación artificial; esto implica muchos exámenes y procesos invasivos para concretar esas ganas de gestar y luego maternar o paternar. También es una práctica que adoptan las mujeres que quieren ser madres, mal llamadas "madres solteras" (como si el estado civil dijera algo de ese deseo).

Como sostenemos desde el inicio, la sinceridad con les niñes es nuestra mejor aliada y nuestro mejor consejo. Poder contarles a lxs chicxs su verdadera historia, si fueron adoptados o si fueron concebidos gracias a la asistencia médica, lxs ayuda a forjarse como sujetos y

La identidad, de la serie Mentira la verdad.

a no tener dudas sobre sus propias raíces, al fin y al cabo, a desarrollar su identidad.

En el caso de Clara, ella explicita necesitar más información sobre su nacimiento, y la historia que cuenta la madre es una representación de ese momento que compartieron las dos, pero solo una recuerda (o al menos algunas partes). Esa representación le va a permitir a Clara identificarse, por similitud o diferencia, con otros seres humanos.

La identificación está siempre en proceso, nunca se termina; es decir, la identidad aquí no se entiende como una esencia, como algo dado, sino como una estrategia para delimitar márgenes: "las identidades son puntos de adhesión temporaria a las posiciones subjetivas que nos construyen las prácticas discursivas" (Hall, 1996: 20). Esto quiere decir que la identidad es un punto de encuentro, de sutura, que se va creando a partir de la propia genealogía.

El método genealógico nos propone tener en cuenta dos tipos de datos: las diversas historias que cuentan las personas sobre un mismo hecho, así como también la información más objetiva. Por eso, no solo recomendamos que las familias cuenten la hora de nacimiento, el tipo de parto, sino también involucrar a las otras esferas de la familia: ¿Cómo vivió la abuela el parto? ¿Qué hizo el abuelo? ¿Qué estaba haciendo la tía cuando le avisaron que naciste?, entre otras preguntas que podemos sugerir que les niñes formulen al resto de la familia, para así, ir completando su genealogía.

Aquí sugerimos algunas preguntas específicas para ilustrar una idea. Esas preguntas pueden ser flexibles y adaptarse a los tipos de familia. Pero sobre la diversidad familiar vamos a hablar en el próximo capítulo; no se apuren, que todavía estamos un casillero atrás.

También hay personas que deciden que no pueden o no quieren continuar con una gestación. Interrumpir embarazos es una práctica que siempre sucedió, en todas las épocas y en todas las clases sociales. La diferencia estaba en las condiciones en las que se realizaba la práctica: consultorios clandestinos, métodos supersticiosos (como el perejil introducido por la vagina), y el peligro de la cárcel en el caso de que algo saliera mal y se tuviera que terminar en el hospital.

El aborto va a seguir existiendo, porque todavía falta mucha educación sexual integral que prevenga de embarazos inoportunos, o porque los métodos anticonceptivos pueden fallar. Pero desde el 30 de diciembre de 2020, en Argentina, interrumpir un embarazo es legal (Ley 27610, 2020). Luego de Cuba y Uruguay, Argentina es el tercer país en América Latina que estableció la Interrupción Legal del Embarazo (ILE) como un derecho y es un paso enorme para pensar a los cuerpos gestantes como autónomos, con deseos y goces, donde la maternidad y la paternidad es entendida como una elección y no ya como una obligación.

Sancionar esta ley no fue sencillo. Durante muchos años las mujeres y las disidencias militantes de diferentes organizaciones trataron de poner en agenda el tema sin mucho éxito: seguía siendo un tema del que no se hablaba, o se resolvía entre amigas que conocían una señora que las podía ayudar. Recién en el 2003, en el 18º Encuentro Nacional de Mujeres realizado en Rosario, se planteó la necesidad de generar un espacio que llevara adelante una lucha sistemática para conseguir este derecho. Se creó así la "Campaña por el aborto legal, seguro y gratuito". Desde el inicio, difundieron sus demandas: "Educación sexual para decidir, anticonceptivos para no abortar, aborto legal para no morir" y el pañuelo verde que contiene esta consigna se convirtió en el símbolo de esa lucha.

Pero hecha la ley, no hecha la norma y a la historia nos remitimos. Para poner solo un ejemplo, cuando se debatió la ley del sufragio femenino allá por 1947, algunos senadores y diputados que votaron en contra dudaron de la capacidad de las mujeres para entender la política y votar en consecuencia. La obligatoriedad del voto, decían, atentaría contra la integridad de las familias argentinas. Pasaron 70 años y sigue costando que se entienda a las mujeres y a las disidencias como iguales, como pares, pero de a poco vamos demostrando que exigir equidad y luchar por ella hace que extendamos nuestras alas y nos animemos a soñar que podemos volar en un mundo más justo.

A partir del debate de la Ley de la ILE (Ley 27610, 2020), muchxs niñxs preguntaron "¿Qué es el aborto?". Y realmente es un desafío encarar esa conversación, porque desde la perspectiva de lxs niñxs, la maternidad es puro amor y es impensable la interrupción de un embarazo. Por eso es necesario ser directos y atender solo a las preguntas que surgen: **¿Qué es?** Es lo que hace una persona cuando decide no seguir con un embarazo. **¿Cómo?** Toma unas pastillas que le da un/a médico/a. **¿Por qué?** Porque es decisión de cada persona seguir adelante con el embarazo.

Si las preguntas continúan, podemos profundizar en esta idea de la elección de las personas gestantes, que no siempre los embarazos son deseados u oportunos y que lo que se pone en juego en esa ley es precisamente eso: el derecho a decidir de las personas gestantes.

Porque hay personas que deciden continuar la gestación y dar en adopción, así como hay personas que pierden la guarda de sus hijxs, por no estar en condiciones de asegurar sus derechos (a la vivienda, al alimento, a la educación, etc.). Así, es como hay chicxs que viven gran parte de sus vidas en centros de integración u hogares de tránsito, esperando a ser adoptadxs. En materia de leyes adoptivas, nuestro sistema es lento y perverso, la nueva ley de adopción es urgente y necesaria desde hace mucho tiempo ya.

Quienes se hayan convertido en padres o madres gracias a una adopción saben muy bien que el amor no depende de la sangre. Pues eso mismo es lo que tendrían que transmitir al momento de contar el origen: frases como "te deseábamos tanto", "quería tanto ser tu mamá o tu papá". Resulta fundamental poner en valor la decisión de cuidar a ese niñe, el tiempo que tuvieron que esperar y qué pasó cuándo le(s) fueron a buscar. Contar ese momento de encuentro es como contar el parto, el momento donde esas personas se conocen, se miran por primera vez a los ojos, y empieza a construirse el amor.

Finalmente, queremos detenernos a pensar en los casos de vientre subrogado. Es un tema que ha estado en la agenda mediática gracias a que algunxs famosxs recurrieron a esta opción. Como nombramos más arriba, Flor de la V tiene mellizos de vientre subrogado, igual que Marley y su hijo Mirko, Flavio Mendoza y su hijo Dionisio y Luciana Salazar y su hija Matilda. Las figuras del espectáculo optaron por alquilar el vientre de una mujer en Estados Unidos, que tiene una ley que establece cuáles son las obligaciones y las responsabilidades de cuidado de las dos partes, además de la condición del pago de una cuantiosa suma de dinero para la persona gestante.

En Argentina no tenemos esta ley, pero sí el debate instalado, algunas preguntas que sirven para pensar este delicado tema: ¿Quiénes son las personas que alquilan sus vientres? ¿Quiénes son las personas que pueden alquilarlo? ¿Qué concepción se teje alrededor del cuerpo al considerarlo susceptible de ser alquilado?

En las escuelas es un tema recurrente. Lxs chicxs siguen las cuentas de Instagram o de Tik Tok de sus famosxs favoritxs, o de quienes desean saber algo. Les resulta rara esta idea de alquilar un cuerpo, como se alquila una casa para pasar el verano. Durante el 2018 se estrenó la serie de televisión "Pequeña Victoria" que relata la historia de Jazmín, una mujer que quiere ser madre sin que nadie se entere, pues de eso depende su éxito laboral, y alquila el vientre de Bárbara, una joven que llega a Ciudad Autónoma de Buenos Aires desde una provincia argentina. Para completar la historia, Emma es la donante del esperma, una mujer trans que quiere involucrarse en la situación y ser madre también de Victoria. ¿Bárbara tiene otras opciones? ¿Lo hace por necesidad económica o por ayudar a Jazmín? ¿Por qué la carrera de Jazmín peligra ante la llegada de la pequeña Victoria?

En gran parte del mundo, el tema presenta un vacío legal: no está permitido pero tampoco prohibido. Por lo general, en este tipo de casos hay un arreglo monetario que no está en el contrato, pero sucede de hecho en el momento que le implantan el óvulo a la persona gestante. Tal como recomendamos más arriba, con el relato del parto, estos temas a veces son más sencillos de abordar con un relato concreto, en este caso una ficción. Pero si la pregunta es por lo biológico, se les puede contar que les doctores toman un óvulo y un espermatozoide, y los juntan en un laboratorio. Cuando el óvulo está fecundado y listo, les doctores lo ponen en el útero del cuerpo de una persona que se dispone para ello, que pone su cuerpo a cambio de dinero, por eso se dice "alquiler".

Aquí la ciencia y los sistemas de reproducción asistida parecen ser los protagonistas, los fabricantes de ese sueño de maternar o paternar. Pero es menester dejar asentado que los personajes principales de estas historias son personas que sienten y piensan, que tienen deseos concretos que quieren ver realizados. Es la sutura donde nos encontramos con otrxs, para tejer juntxs el mundo que queremos.

14. Familia no es una sola

O tal vez las familias nuevas,
como las naciones jóvenes,
después de una violenta guerra de independencia o una revolución,
necesitan anclar sus comienzos en un momento simbólico
y fijar ese instante en el tiempo.
Esa noche fue nuestra fundación;
fue la noche en que nuestro caos se convirtió en cosmos.

Valeria Luiselli en **Desierto Sonoro**

Hasta hace no muchos años, la familia se seguía creyendo de una manera: heterosexual, es decir, mamá, papá, nene y nena (porque si vamos a ilustrar una situación "ideal", esta familia tiene un nene, que es mayor, y una nena que es menor). Los productos culturales han tenido mucho que ver con esta utopía, desde las publicidades de lácteos en una cocina súper luminosa hasta la novela en el horario principal, todos reprodujeron durante años esa imagen de lo ideal, imagen con la que les adultes crecimos, calentándonos las pupilas. Pero en la "realidad", esta imagen que nos vendieron pocas veces es así; si en una reunión con familias en la escuela se nos ocurre preguntar quiénes están casadxs en primeras nupcias, solo una minoría levanta la mano. Rápidamente llegamos a la conclusión de que son más las familias ensambladas o con un papá o una mamá, que las familias de primer núcleo.

Al contrario de lo que pensarían nuestras abuelas, esto no es desfachatez ni mucho menos un menor compromiso y resistencia a las relaciones duraderas. No podemos culpar a nuestros antepasados del sistema en el que vivimos, pero sí podemos comprender que el mundo en el que vivimos está cambiando constantemente, desde siempre. Las relaciones erótico-afectivas entre adultes se permitieron la pregunta por la felicidad, por el mandato, por el qué dirán. Siempre hubo gente que corrió los límites, aunque la época no acompañara: Simone de Beauvoir y Jean Paul Sartre nunca se casaron, nunca tuvieron hijxs y, como si eso fuera poco para 1950, tenían una relación abierta, poliamorosa.

Pero el poliamor no es lo que nos interesa explorar aquí, sino las distintas configuraciones familiares que se visibilizaron estos últimos años, que ya existían, pero en la oscuridad de los armarios. Sí, las primeras familias de las que vamos a hablar son homoparentales (dos papás) u homomarentales (dos mamás). Antes de la ley de matrimonio igualitario (Ley 26.618, 2010), estas parejas existían —por supuesto— pero tenían determinadas limitaciones legales, por ejemplo, si había hijes, tenían que ser inscriptes como hijes de una las personas que conformaba la pareja, limitando así los derechos y las obligaciones de ambos tutores.

La ley de matrimonio civil (más conocida como matrimonio igualitario; Ley 26.618 2010) vino a democratizar algunos derechos: la inscripción civil de lxs hijxs con sus dos progenitores (sin importar su orientación sexual o su género), el derecho a una pensión, el derecho a compartir obra social, el derecho de asistir a una reunión o acto en la escuela como familia. Es importante hablar con les niñes y les adolescentes acerca de que, así como no hay una sola forma de ser en el mundo, no hay una sola forma familiar de vincularse.

Si una familia está compuesta por un papá y una mamá, dos papás, dos mamás, una mamá y dos gatos, un papá y un perro, es un detalle menor, lo que importa es dar el ejemplo de que elegimos y buscamos ser felices, tener relaciones honestas y respetuosas.

Y de ahí vienen las familias ensambladas, de adultes buscando ser felices, ya no en esas primeras nupcias sino en otras tantas, distintas. Todo lo que sucede en los hogares es un ejemplo para les niñes que allí crecen, las frases que escuchan, los tratos que ven, las historias que se cuentan, los gestos que se usan. Si bien no es tan lineal, sin dudas la familia es una de las instituciones que marcará, las actitudes que eses niñes tengan en la adultez.

Cuando hablamos de familias monomarentales o monoparentales, hablamos de familias compuestas por une de sus progenitores. Más allá de lo que haya sucedido en el medio: viudez, separación, viajes que a veces se convierten en un *para siempre*. A veces, es una situación elegida; a veces, no. No juzgar ninguna de las situaciones, no mostrarnos contrarios a la idea de una persona haciendo la tarea de dos, es lo mejor que podemos hacer por lxs niñxs. El consejo aquí es evitar hacer comentarios como "ojalá encuentre a alguien que la ayude con sus hijxs", "no le quedó otra, fue a un banco de esperma", "se fue y le dejó a lxs pibes"; son frases que construyen una idea negativa sobre esas familias, de carencia, se obstruyen sentidos al juzgar situaciones que no experimentamos con nuestras propias estructuras.

Decidir convertirse en madre, padre, mapa, pama, o como gusten decirle, es un gesto de amor, sí, pero también es una responsabilidad para toda la vida, que deben asumir por igual todas las personas que estén involucradas en la decisión (sin importar su identidad de género o su orientación sexual).

Campaña #YoMeOcupo

Durante el 2020, se lanzó la campaña #YoMeOcupo de Spotlight, una iniciativa en conjunto entre la Unión Europea y las Naciones Unidas que está orientada a eliminar todas las formas de violencia contra las mujeres y las niñas. #YoMeOcupo viene a poner el foco en las tareas de cuidado y limpieza que, por lo general, asumen las mujeres en el hogar. Hemos escuchado (o hasta incluso dicho) "Es tan buen padre, ayuda un montón". Pues no importa cómo es la configuración familiar, siempre hay alguien que se recarga de tareas y aporta más significativamente a la crianza. Eso se denomina "micromachismo", es decir, es una forma de violencia sutil pero persistente, que se basa en considerar que las mujeres son las que deben ocuparse de lo relativo al hogar. Aunque no solo: un micromachismo es también que, en un restaurante, le den la cuenta al varón, o que no llamemos a una mujer electricista porque ése es un oficio masculino. Los micromachismos son actitudes injustas que se reproducen silenciosamente, por eso es importante ponerles un nombre y dar cuenta que nos afectan a todos y todas, en mayor o menor medida.

La propuesta de este libro es apuntar a una crianza compartida, donde todas las partes se involucren de igual manera en el desarrollo del niño/a/e. Un padre o una madre no "ayuda", hace lo que le corresponde, hace aquello por lo que asumió una responsabilidad cuando decidió reproducirse o ser parte de la crianza de una criatura.

Las configuraciones familiares vienen cambiando hace décadas, cada vez tenemos más libertad para crear vínculos sanos, con nuestras propias reglas. Entonces, nos preguntamos: ¿Por qué reproducir en esas nuevas estructuras aquello que ya sabemos que no funciona?

15. Privado e íntimo

Éramos las personas que no salían en los periódicos.
Vivíamos en los espacios en blanco, en los márgenes de cada número. [...]
Vivíamos en las líneas de las noticias.

Margaret Atwood en **El cuento de la criada**

Para hablar de lo privado y lo íntimo, es necesario tomar envión con lo público y lo privado. El paradigma de normalidad del que venimos solía dividir lo público (aquello que sucedía en las calles, en los trabajos, en la política, era cosa de hombres) de lo privado (aquello que sucedía en las casas, con la familia, con los hijos, era cosa de mujeres). Las mujeres que trabajaban lo hacían dentro de sus hogares: limpiando, cosiendo, cocinando, cuidando. Pero en algún momento, la mujer salió a trabajar, de manera tímida durante la revolución industrial (siglo XIX, principios de siglo XX) y de manera más significativa en situaciones extremas, como las guerras.

Durante la Segunda Guerra Mundial (1939-1945), la compañía Westinghouse Electric creó la emblemática imagen con una mujer

levantando un brazo y la frase "We can do it" (Nosotras podemos hacerlo), con el fin de incentivar a las mujeres a trabajar más duro en las fábricas y a ocupar los puestos de trabajo abandonados por los varones que estaban luchando en la guerra. Pero una vez que la guerra terminó, se les pidió a las mujeres que volvieran a sus hogares.

No todas volvieron con honores, orgullosas de haber cumplido una misión. Muchas de ellas se dieron cuenta de que su mundo estaba en esa esfera pública, tan reservada hasta entonces para los varones. Entre lo público y lo privado empezó a hacerse una división cada vez más tensa, más áspera. En los años '70, en el afán de que el feminismo de la diferencia creciera, la autora Kate Millet dijo la frase "Lo personal es político", refiriéndose a que lo que sucede en el hogar también está relacionado con el mundo público. Esta frase denunció la violencia de género (física, simbólica, económica, emocional) que muchas mujeres sufrían (sufren) en el seno de su hogar; está diciendo: esto es una cuestión pública, por más que suceda en lo privado, y no puede seguir sucediendo.

Tan actual que duele.

De hecho, la imagen de Westinghouse Electric fue recuperada durante los años 80 y se resignificó, dejó de ser "podemos hacerlo, mientras ellos no estén", para convertirse lisa y llanamente en "nosotras podemos hacerlo siempre".

Toda esta introducción para decir que lo público es parte de lo privado, y lo privado es parte de lo público. Esto supuso para la escuela un desafío magnánimo al momento de implementar la ESI, pues subsiste esa idea de que la escuela es un ámbito público, donde no se habla de lo privado, que incluye las emociones y lo que sucede en el hogar.

"Las distinciones tan bien aprendidas entre lo público y lo privado nos hacen afirmar que el amor no tiene lugar en el aula. Aunque una película como La sociedad de los poetas muertos fue aplaudida por tantxs espectadorxs que posiblemente

se identificaban con la pasión del profesor y sus estudiantes, esa pasión rara vez es afirmada institucionalmente." (bell hooks, 1994: 10).

No queremos que **La sociedad de los poetas muertos** sea solo un hito en la historia del cine, sino que sirva de fuente de inspiración para dar lugar a la pasión en el aula. La escuela tiene que poder abordar institucionalmente lo íntimo. Y aquí se da un cambio discursivo: ya no hablamos de lo privado, porque no está privado de nada, sino que vamos a hablar de lo íntimo, ya que tiene sus características propias.

Sobre esto, en la escuela vamos a hablar de los sentimientos, vamos a tratar de ponerles palabras concretas al enojo, a la felicidad, a la angustia. Porque esas sensaciones también les pasan a lxs chicxs. Ante preguntas de la docente como, por ejemplo, ¿qué hiciste el fin de semana?, ¿qué fue lo más lindo de este día?, ¿qué sintieron con esta actividad? estamos hablando de lo íntimo, de lo que pasa más allá de la escuela, de lo que sentimos, y así estamos generando un vínculo con nuestros estudiantes que no está libre de emociones, que se compone de ese compartir que nos aúna, como grupo, con coincidencias y diferencias.

Cada vez que se da una reunión con las familias en la escuela, nos disponemos a cruzar lo público e íntimo de la escuela con lo público e íntimo de la familia. Familias y escuelas integran, a su vez, otro vínculo distinto y esa intersección no está libre de contradicciones.

Nos pasa a todes: hablar de lo íntimo no es tan sencillo, como ya explicamos cuando hablamos de **las preguntas incómodas**. Por eso, familias, contamos con ustedes para que hablen también de los procesos de descubrir los cuerpos y las sensaciones que se desarrollan solo en ámbitos íntimos (encerradxs en una habitación o en el baño). Sí, estamos hablando de la masturbación: una práctica sana, siempre y cuando se practique en un ámbito íntimo.

Desde temprana edad, les niñes se masturban, aunque no sepan muy bien qué están haciendo: hay "algo" que les da placer y repiten movimientos buscando reproducir esa sensación agradable. Tiene que ver con un proceso de conocimiento del cuerpo propio, de sus límites y contornos, y si da placer, ¿no les parece entendible que quieran hacerlo sin que importe el lugar? A veces encuentran que frotándose con un almohadón o con la punta de la mesa es divertido y, si es algo recurrente, es necesario charlar sobre lo íntimo. El primer consejo es no descalificar la práctica, ni calificar como "cochinx" a nadie. La masturbación es algo natural, todos los animales estimulan su genitalidad de alguna u otra manera.

Pero como nosotres somos animales atravesados por la cultura, tenemos que explicar que lo íntimo, el conocimiento del cuerpo propio, debe suceder solo en la intimidad del hogar, donde estén tranquiles y puedan explorar sin vergüenza. Si desean profundizar, se puede explicar algo de los datos biológicos: los cuerpos con vulva tienen una partecita que se llama clítoris y que está arriba del agujerito por el que sale la orina, mientras que los cuerpos con pene tienen glande, que es la punta del pene y coincide con la ubicación del agujerito por el que sale la orina.

Algunas páginas más atrás tienen las imágenes de las genitalidades: con ellas se pueden ayudar para señalar cada parte. Tanto el clítoris como el glande tienen millones de terminaciones nerviosas, es decir, son muy sensibles al roce y al tacto. Ponerle palabras a eso que experimentan ayuda a su comprensión: al tocar o frotar esos puntos pueden que sientan mucho placer, y está bien. Esos órganos sirven para eso, pero —reforzamos— solo en ámbitos íntimos.

Esta charla también puede estar ligada a cuestiones de higiene porque tanto el glande como el clítoris son zonas muy delicadas, como la nariz o la boca: no hay que tocarlas con las manos sucias. Es importante que esas partes placenteras sean bien cuidadas e higienizadas, para mantener cuerpos sanos y libres de bacterias.

En este apartado completamos el abordaje de las funciones de la sexualidad. La función reproductiva la desarrollamos más atrás y, si bien estuvo cruzada con la función placentera, aquí nos centramos en ella. Ambas se cruzan constantemente. Es el caso explícito de los métodos anticonceptivos, que sirven para centrarse en la función placentera de la sexualidad, entendida siempre en sentido integral.

16. Los secretos

Callar siempre fue el peor castigo para ellas, para mí.
Hablar libera y eso que todavía no desataron sus cadenas.
Ni siquiera después de mirarme a los ojos.
Yo las vi y me vi.

Belén López Peiró en **Por qué volvías cada verano**

Todos tenemos secretos, desde los "placeres culpables" a situaciones que preferimos no compartir. El secreto es una constante, es parte de ser humano: hay cosas/ideas/reflexiones que son "solo de une". Pero sabemos que no todos los secretos son iguales. Una cosa es comer dulce de leche del pote a cucharadas a las 3 de la mañana, y otra muy distinta es mantener en silencio una situación dolorosa.

Por eso, aquí vamos a catalogar a los secretos como buenos y malos; hay secretos que son menores, algunos hasta nos dan placer, mientras que hay secretos que son enormes y nos carcomen por dentro.

A estos malos secretos nos referimos cuando hablamos de violencias: maltrato verbal, golpes, abuso sexual. Este punto no lo podemos reducir a la penetración de une adulte a une niñe, también incluye tocar sus partes íntimas o pedirle que se toque las propias, mostrar en vivo o a través de pantallas contenido pornográfico, así como grabarles para generar contenido. Cuando sucede esto último debemos aclarar que no es pornografía infantil, sino que es abuso sexual infantil. La pornografía es un tipo de contenido erótico realizado por mayores de edad, de manera consensuada y, a veces, incluye intercambio de dinero. Cuando une niñe aparece bajo ese género cinematográfico, se produce una contradicción, porque ningún niñx de manera consensuada participa de esas películas.

Para ponernos en contexto, extrajimos algunos datos del informe del programa de UNICEF "Víctimas contra las violencias 2019-2020"; en Argentina. Los siguientes números se formularon en función de las llamadas que se recibieron en la línea 137[1]. Vamos a detenernos en algunos gráficos, porque los datos duros nos ayudan a ajustar la brújula de la prevención.

El primer gráfico nos indica que de 10 niños/as víctimas de violencia sexual, ocho son niñas y dos niños.

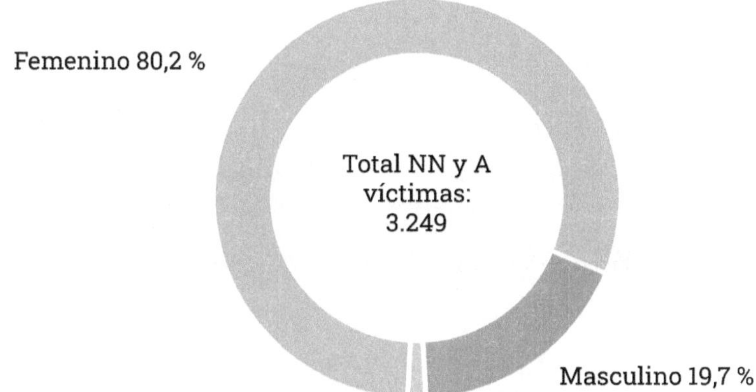

Se excluyen 761 NNyA víctimas sin dato.
Fuente: Base de datos del Programa "Las Víctimas Contra Las Violencias."

De ese total representado, el 37% de niñas/os/es relata que el abuso fue en el hogar, el 29,4% en entornos virtuales y un 25,7% no da datos al respecto.

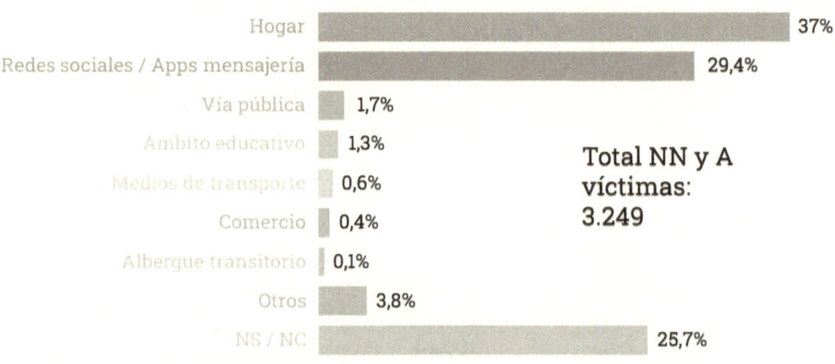

Fuente: Base de datos del Programa "Las Víctimas Contra Las Violencias."

Sobre el vínculo con los/as/es agresores, el 80% se encuentran en entornos familiares y conocidos:

Por si quieren explorar el informe completo de UNICEF.

El relevamiento sigue más allá y no les queremos aburrir con porcentajes, porque las personas somos mucho más que números, pero sí queremos que conozcan estos números, porque ayudan a saber dónde poner el foco del cuidado y la prevención.

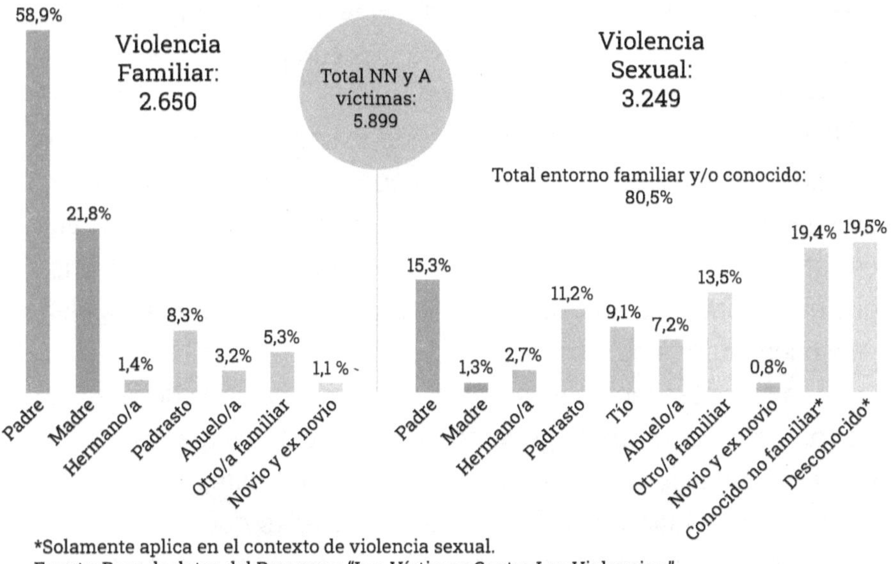

*Solamente aplica en el contexto de violencia sexual.
Fuente: Base de datos del Programa "Las Víctimas Contra Las Violencias."

El abuso sucede más a menudo de lo que sabemos y muchas veces estas historias "aparecen" en la escuela, cuando se trabaja la ESI. Habrán escuchado —tal vez— docentes relatando alguna situación similar: un taller que era sobre el consentimiento termina desbordado por algún chico o alguna chica que se dio cuenta de que estaba siendo o había sido abusado/a por alguien cercano.

Si este es un emergente que se repite en diferentes escenarios educativos, esto responde a que el silencio y el secreto es parte constitutiva del abuso. Quien abusa le hace creer a ese niñe que es el/la responsable de esa situación. "Porque es muy lindo", "porque tiene piel suave", son algunas de las frases que les niñes que sufren este tipo de situaciones relatan al momento de contar el secreto. Luego de los halagos, el/la abusador/a le dice que es mejor que nadie se entere de lo que pasó, que es un secreto entre ellos (haciéndoles creer que son parte de algo "especial"). Finalmente, usan estrategias como "no le cuentes a tu mamá, no la queremos preocupar" o "esto le pasa a todes, pero nadie lo cuenta".

Escribir esto es tan difícil como leerlo, lo sabemos. Pero tenemos que liberarnos de estos miedos para ponernos en lugar de adultxs que generan un espacio de confianza y de diálogo. Más difícil aún es estar en el cuerpo del niñe que fue abusade y que, encima, piensa que esa situación dolorosa es su culpa y que, si le cuenta a alguien, va a hacer sufrir a su familia.

Sí, la recomendación es siempre la misma: hay que generar espacios de diálogo donde podamos prevenir estas situaciones. Por eso, aquí van algunas claves: evitar decir "No permitas que nadie te toque tus partes íntimas", y más vale explicarles que puede haber personas malas que quieran abusar de la confianza, pues en esa idea de "permitir" radica algo de responsabilidad. Más sencillamente: "**Si mamá me dijo que no permita eso y yo lo permití, me pasó, ¿de quién es la culpa?**" Es fundamental explicitar que, si les pasara de no sentirse cómodos/as con alguien de su entorno, entonces nos tienen que venir a contar, tienen que pedir ayuda.

También es recomendable evitar decir "solo tus familiares pueden tocarte las partes íntimas" porque, como vimos más arriba, el 80% de los abusos se da en entornos familiares o conocidos. Y lo más importante, nunca culpabilizarlxs sino escuchar lo que tengan para decir, sin interrupciones, repreguntando sin alarma: "contame más de eso."

Abrazar, siempre abrazar.

Desde la ESI, en la escuela, se trabaja la prevención desculpabilizando a ese niñe. A cualquier edad, si hay un abuso, es un delito cometido por una persona, nunca la persona abusada genera o favorece esa situación. Por eso, desde la escuela se habla de Secretos Buenos y Secretos Malos. Un secreto bueno es no contarle a un amigo cuál será su regalo de cumpleaños, un secreto malo es aquel que vulnera un derecho.

Aunque pareciera que esto es una obviedad, no es tal si hablamos de jóvenes. Aún hoy se escuchan frases como "Y con esa pollerita tan corta, ¿qué querés?", "Con ese pantalón tan apretado estaba provocando". Con esas frases se está culpando a la víctima y, si las repetimos en casa, también estamos diciendo "Si te pasara algo así, sería culpa tuya". Parece que son situaciones distintas, pero en el fondo es el mismo problema: tanto la persona abusadora de una niña pequeña como de un joven cree que tiene derecho a hacer lo que hace, porque la están provocando.

El epígrafe elegido para este apartado es de un libro que se titula ***¿Por qué volvías cada verano?*** que es la pregunta que le hacían a la joven que denuncia a su tío por abuso, un tío que todos los veranos cruzaba los límites de lo permitido y lo consensuado, para abusar de su sobrina. Cuando ella se animó a contar lo que había sucedido, la pregunta que más se repitió fue la que le da título al relato, ¿Una niña/joven tiene el poder de decir "ahí no voy más"? Si lo hiciera, tendría que dar explicaciones que tal vez no está lista para dar, porque el tío se aseguraba de hacerle creer que, si a alguien le iban a creer, era a él.

Contar una situación de abuso nunca es sencillo. Implica ponerse en lugar de víctima, relatar una y otra vez uno de los episodios más traumáticos que puede sufrir una persona. Y de esto, justamente, es que nace el lema "Yo te creo", porque es importante que la palabra del niño/a tenga peso e importancia.

Cuando en la escuela se descubre un caso de abuso, la institución tiene la obligación de llenar un acta con el relato objetivo de lo que acaba de contar el/la estudiante, con el fin de que no tenga que repetir la historia con cada actor institucional, para evitar así la revictimización. ¿Qué implica que sea objetivo el relato? Que el/la agente escolar no puede escribir frases como "lloró exageradamente", "usó frases raras", sino que tiene que ser fiel al relato, incluso poniendo entre comillas las frases que usó el/la estudiante para contar la situación. Con esa acta, se debe comunicar a la familia lo sucedido y empezar el proceso legal que se corresponda con el caso y garantizar asistencia emocional para esa persona.

La escuela tiene un techo, hay muchas aristas en este proceso que no se pueden modificar, muchas veces la justicia no tiene los recursos o la voluntad para garantizar derechos. Incluso a sabiendas de eso, en la escuela no puede haber silencio pedagógico: un/a docente que es elegido/a para escuchar ese relato es una persona de confianza para ese/a niño/a y debe actuar en consecuencia con semejante responsabilidad. Acompañar es no abandonar, es escuchar y ser parte de un cambio, un corte. Algo distinto tiene que pasar luego de que se le puso palabras al abuso. Eso también forma parte de las tareas pedagógicas.

Para ver entre grandes y chiques: Video libro para la prevención del abuso sexual infantil.

Tanto desde la escuela como desde casa, tenemos que prestar atención a repentinos cambios de humor o de actitudes si, por ejemplo, empiezan a hablar menos o están muy irritables. ¡Ojo! No es tan lineal, no siempre eso es índice de que están siendo abusades. Prestar atención a esos humores es hacerlos parte de la charla, otra manera de abrir el diálogo, y generar espacios de confianza donde expresar sentires y experiencias.

17. Consentimiento

David Foenkinos en **Hacia la belleza**

Como en el apartado anterior hablamos sobre cómo prevenir un abuso en el mundo físico, aquí hablaremos de problemáticas relacionadas con el mundo virtual, donde el consentimiento pareciera estar borroso o no importar tanto como en otros ámbitos de nuestra existencia. En la historia de Clara, es la niña la que realiza un acto sin el consentimiento de su mamá, expone un momento íntimo, que fue entre ellas, a otras personas. Pero si fuera al revés: une familiar exponiendo algo del niñe, ¿sería algo digno de relatar?

Les proponemos un ejercicio: levanten la mano derecha aquellas personas que tienen redes sociales (si no levantaron, pueden pasar al párrafo siguiente). Ahora, levanten la mano izquierda aquellas personas que publican fotos de sus hijxs/nietxs/sobrinxs/otrxs en las redes sociales. Finalmente, levanten la mano derecha quienes publican más de cinco fotos al mes de esa personita. Qué desafío, cambiar así el libro de mano. Era por si estaban distraídes.

La pregunta importante es si les preguntamos o no a las personas si podemos subir esa foto o ese vídeo, si les gusta el contenido y lo consideran seguro y responsable para subir a las redes. "No creo que nadie pueda salir indemne de que le fotografíen cagando" dice con honestidad brutal Milena Busquets en ***También esto pasará*** (2015: 161) para poner el énfasis sobre la vida que pasa por las redes sociales, que parece importar poco y a la vez tantísimo en las vidas cotidianas.

Debemos detenernos en este fenómeno que los estudios en Ciudadanía Digital han denominado **Sharenting**, que es un anglicismo que se compone de **share** (compartir) y **parenting** (crianza o ser madres o padres), para referirse justamente al fenómeno comunicacional de las familias compartiendo las vidas de les niñes por redes sociales.

Cada persona que circula por los entornos digitales va construyendo con el paso del tiempo una huella digital. Son esos pasos que damos por las redes sociales y el resto de la Web. No sólo se compone de nuestras propias publicaciones sino también de las publicaciones que los/as otros/as hacen de nosotros/as, así como también de todas las páginas que visitamos desde un dispositivo donde estén ingresados nuestros datos. Con esos pasos virtuales, vamos dejando información y recibiendo otra especialmente dirigida a nosotros/as.

Con cada publicación sobre les niñes que tenemos cerca, estamos contribuyendo a la construcción de la huella digital de ese niño/a/e, no es solo una publicación que se asocia a nuestros nombres (como adultes), sino que también son parte de este presente y en un futuro seguirán ahí, atadas por un hilo invisible a la huella digital del niñe.

Para seguir pensando en el Sharenting.

A través de los entornos virtuales nos vinculamos y nos presentamos al mundo, por eso es importante que las personas adultas sepamos que estamos contribuyendo a la huella digital de otra persona. No estamos diciendo que no publiquen nada sobre sus hijes en sus redes sociales; por el contrario, estamos diciendo que es necesario hacerles parte del contenido que subimos sobre elles. Preguntarles si les gusta o no esa foto para poner en Instagram, o ese video para Tik Tok, es generar prácticas saludables que ponen el consentimiento en primer plano. Si adoptamos esa práctica en los entornos digitales, estaremos en camino de construir una ciudadanía digital más participativa, con espacios responsables y consensuados.

Como dijimos en el apartado anterior, el 29,4% de los casos denunciados de violencia sexual fue a través de entornos digitales. Eso nos indica que tenemos que detenernos a pensar en los vínculos que se establecen a través de las pantallas. La escuela intenta hacer su parte al respecto, se trabaja desde Educación Digital -en cruce con la ESI- temáticas como ***Acoso escolar virtual o ciberacoso***, ***Sexting*** y ***Grooming***. Sí, todos son anglicismos. Vamos a explicar brevemente qué es cada uno.

Acoso escolar virtual o ciberacoso es una práctica que se da entre pares, compañeres. Se basa en el acoso por redes sociales dirigido a una persona y es sostenida en el tiempo. No es una broma aislada, una foto desafortunada, es algo sistemático, que se repite y genera malestar a largo plazo. En la escuela se trabaja mucho la grupalidad y el respeto ante las diferencias, pero siguen apareciendo casos de niñes acosades por sus propies compañeres. Se crean perfiles falsos para estos fines y muchas veces suceden en silencio, porque tanto la persona acosada como la persona acosadora parecen invisibles, por vergüenza uno y por no ser descubierto el otro.

El ***Sexting*** es el envío voluntario de imágenes con contenido erótico, en el marco de un vínculo íntimo. Si bien es una práctica que se da más en la adolescencia, es interesante introducir la temática, porque lxs niñxs escuchan la palabra y quieren saber qué es.

Y, finalmente, el *Grooming* en Argentina se agregó como un delito al Código Penal (Ley 26.904, 2013), al que se incorporó el artículo 131, que dicta: "Será penado con prisión de seis (6) meses a cuatro (4) años el que, por medio de comunicaciones electrónicas, telecomunicaciones o cualquier otra tecnología de transmisión de datos, contactare a una persona menor de edad, con el propósito de cometer cualquier delito contra la integridad sexual de la misma".

Es decir, personas mayores de edad que contactan a un menor de edad, con fines sexuales, ya sea envío de imágenes con poca ropa, así como la recepción de imágenes/videos con contenido sexual. A veces, estas situaciones terminan en extorsión, la viralización de imágenes íntimas o el secuestro y explotación sexual de menores de edad.

Para dejar las cosas claras: *Sexting* y *Grooming* son dos situaciones diferentes. Mientras que en el *Sexting* hay consentimiento y vínculos íntimos, en el *Grooming* hay una persona con una identidad falsa infringiendo la ley. Para hilar esto con lo que trabajamos en el apartado anterior y charlar sobre vínculos digitales con lxs más chicxs, así como les explicamos que en el mundo físico hay algunas personas malas, en el mundo virtual también. Hay gente que se hace pasar por otras personas, y se escudan en el anonimato que permiten las pantallas para pasar los límites de lo seguro.

Campaña de concientización sobre el Grooming.

Suena a amarillismo lo que decimos, esto de "las personas malas", pero existen y el anonimato potencia la peligrosidad de la situación. Por eso es importante instalar el tema y estar atentxs al contenido que consumen lxs más chicxs en la virtualidad y a las personas con las que se relacionan allí.

Y permítasenos este consejo para les más grandes: si van a hacer **Sexting**, cuiden su imagen, que no se vean caras ni tatuajes, ni nada distintivo que pueda ser tomado por la cámara. El **Sexting** puede ser una práctica divertida, se recomendó incluso en tiempos de pandemia, pero siempre y cuando cuidemos aquello que puede quedar registrado. Es fundamental que no se identifiquen a las personas involucradas porque el riesgo de la viralización siempre está presente.

Sin caer en el adultocentrismo, porque les adultes también podemos equivocarnos, podemos intentar educar con el ejemplo del consentimiento en cada una de nuestras acciones, incluyendo a les niñes como sujetos de derecho. Elles también tienen derecho a tener una huella digital construida por elles, con sus decisiones, buenas y malas. Tienen derecho a tener información sobre cómo participar de manera responsable en las redes y también tienen derecho a cambiar de opinión. Si hace 6 meses una foto les parecía divertida, pero ya no, escuchemos y saquemos ese contenido que molesta.

Si bien el mundo Internet empieza a tener leyes que regulan su uso y abuso, todavía es un terreno arenoso. Eliminar contenido de la Web no es tan sencillo como muchas personas piensan, y en algunos sitios es casi imposible. Justamente por eso hay que hacer prevención en cuanto a lo que subimos, para no lamentarlo en un futuro.

La escuela, además, debe pedir siempre consentimiento para publicar fotos de estudiantes, incluso para fotografiarlxs, en primera instancia. Cada niño/a/e es dueño/a/e de su imagen, los/as/es representantes legales pueden dar o no ese permiso a la escuela, es su derecho elegir y con qué fines serán usadas esas fotos.

Para ir cerrando, aquí también es menester estar atentes a si le niñe de repente se aísla, deja de hacer sus rutinas, no come y/o se llama a silencio. Tal vez esté pasando algo que las pantallas ocultan. Y un paso antes, abrir el diálogo sobre lo que consumen en la Web también es pertinente. Preguntas como ¿Qué estás leyendo? ¿Quién maneja esa cuenta? ¿A qué jugás? ¿Con quién jugás? ¿Por qué te gusta tal influencer? ¿Qué te enseña a hacer tal usuarie?

Aprender a pedir consentimiento y cuándo darlo (o no) también es un proceso, en el que nos podemos involucrar colectivamente y, así, (re)educarnos. Proponemos aquí una suerte de contraadiestramiento (Bourdieu, 2006) que modifique los hábitos que tenemos en los entornos digitales. Tanto en la escuela como en la familia debemos conectarnos con este mundo virtual, para que el mundo real sea más seguro para todes.

18. Decisiones propias

Te comes demasiado el coco, no vale la pena intentar prever las cosas;
de todas formas, nada sale nunca como estaba previsto.
Control cero.
Sigamos el instinto, confiemos en la suerte.

Virginie Despentes en **Fóllame**

Último apartado y se termina este libro; pero, para terminar, primero hay que tomar la decisión de empezar con este final.

Un juego de palabras que toma un doble sentido por la dinámica que propuso la lectura: por un lado, nos lleva al inicio del libro, donde tomaron decisiones sobre cómo leerlo (de corrido, salteando apartados, sin leer la historia de Clara, yendo y viniendo entre las dos partes); por el otro, queremos reforzar que todas las temáticas –de principio a fin de este libro– están atravesadas por la idea de las decisiones propias y ajenas.

¡Qué difícil es elegir y plantarse en ese deseo! A veces quisiéramos que nuestro yo del futuro venga a decirnos cuál es la opción correcta. A veces, el deseo se apretuja en una simple pregunta como "¿Qué tenés ganas de comer hoy?" y respuestas como "Me da lo mismo", "Lo que vos quieras" hacen resquebrajar esa esperanza de no tener que tomar esa decisión por otres.

Con la ESI es un poco más complejo, pero si desde el inicio hicimos el ejercicio de reflexionar sobre nosotres mismes, fue con el objetivo de pensar en el porqué de todo lo que hacemos y decimos. Como ejercicio constante y sonante, como un "plantar bandera" en esa etapa de la vida en que empezamos a hacer esa pregunta, y aquí la propuesta es no dejar de hacerla nunca. Como conquistadorxs de nuestras decisiones.

Desde usar (o no) el lenguaje inclusivo, explorar la orientación sexual, reflexionar sobre la identidad de género, hasta participar en los entornos virtuales, todo requiere decisiones que afectan a las personas más o menos inmediatas que integran nuestras vidas.

Sin ir más lejos, tomaron la decisión de venir a buscar en este libro un poco de claridad sobre la ESI, y esperamos que de aquí se vayan transformadxs, que se estén llevando respuestas y nuevas preguntas, que se lleven ese ¿por qué? a cuestas. Pero, fundamentalmente, nuestro deseo es que estén llegando a este final con ideas o prácticas más concretas sobre la ESI, para llevar a cabo en la cotidianeidad.

De ninguna manera tuvimos la intención de decirles qué hacer o brindar recetas, sino por el contrario trajimos herramientas u orientaciones para que las decisiones que tomen sobre la ESI sean las más acertadas en cada momento y en cada situación particular, decisiones con las que esperamos que se sientan cómodxs, que hayan sido tomadas con información.

Elegir o no usar el lenguaje inclusivo es una decisión propia. Quienes lo utilizamos estamos convencides de que el lenguaje es un portador de sentidos muy poderoso y de que poner palabras a las personas/sensaciones/cosas es parte de la búsqueda por resquebrajar el orden establecido.

Tremenda decisión es empezar a hablar de los cuerpos, de las diferencias, hablar de las partes íntimas, del placer, del amor, de la amistad, de las afectividades. Capaz que suden las manos al principio, y capaz que hasta se meten en un berenjenal tratando de explicar algo, pero es de las mejores decisiones que pueden tomar quienes acompañan a las nuevas generaciones.

Equivocarse es parte del proceso. Pero nunca abrir el diálogo va a ser una solución equivocada. Estar dispuesto/a/e a escuchar no siempre va de la mano con el diálogo, por eso hacemos explícito que son dos pasos que hay que tomar para poder ayudar a transitar épocas de tantos cambios.

Hablar de la ESI es una decisión propia, así como también es decisión de la escuela implementarla. Aunque se sabe que es una obligación, hay muchas escuelas de gestión privada y pública que aún hoy se niegan a implementar de manera integral esta ley que cumple varios años de promulgada (en el 2021).

Reclamar la implementación de la ESI es reclamar la ampliación de derechos, es recibir información para poder transmitir datos científicos, pertinentes y actualizados, sobre lo que hace a los géneros y a las sexualidades. Bregar porque en todas las escuelas haya ESI, en todos los niveles y para todo tipo de gestiones, es luchar por una existencia más justa, inclusiva y equitativa.

Durante el tiempo de aislamiento social, preventivo y obligatorio debido a la pandemia mundial, nos vimos obligadxs a pasar más tiempo en familia, y cada quien sabrá qué pasó en su hogar: si hubo o no hubo más diálogo, si se compartieron otro tipo de actividades, si se realizaron planes en conjunto. Seguro que algunas personas intensificaron sus vínculos, mientras que otras profundizaron distancias. Tuvimos un tiempo para escucharnos obligatoriamente, y ésta es una invitación a pensar qué cambió en sus vínculos en este tiempo pandémico tan extraordinario, qué decisiones se tomaron en esta ventana de encierro. Sí, hasta en el último capítulo les proponemos ejercicios y les dejamos tareas.

Les invitamos a pensar con quién(es) y cómo fuimos afectuosxs, con quiénes pudimos hablar de lo que sentíamos y pensábamos en un tiempo de tanta incertidumbre. Pensar lo que sentimos es necesario para ponerle palabras. Las personas que se relacionan sexo-afectivamente con personas de su mismo género tuvieron que pensar lo que sentían para poder habitar la palabra lesbiana o gay en un sistema que ubicó esas palabras históricamente al margen, a la intemperie. Lo mismo les pasa(ba) a las personas trans o a aquellas que decidieron llevar adelante un aborto. Estigmatizades por un sistema que no les dejaba decir en voz alta aquello que sentían, que necesitaban o que eran.

Clara, finalmente, puede contar su historia de forma clara. Entendió de dónde viene, cómo está conformada su familia biológica, puede narrar sus raíces y forjar su identidad con esos saberes y sentires, que seguirán mutando, porque –como ya dijimos– la identidad es dinámica, va cambiando a medida que crecemos y hacemos cuerpo nuevas experiencias.

Pero no es la intención hacer un compendio de lo que es *Habla Clara*, sino más bien volver a esta idea: el objetivo de este libro fue (y seguirá siendo) acompañarlxs en la implementación de ESI en sus casas, aquella que no tuvimos cuando fuimos niñxs (al menos en la escuela). Por eso, el consejo final es uno que atraviesa todos los temas: díganle a les chiques aquello que les hubiera gustado escuchar cuando ustedes tenían la edad de les chiques. Si muchas veces durante el libro tuvimos ese gesto de invitarles a pensar en sus infancias, es porque es necesario recordar lo que nos pasó para saber qué sentimos y qué necesitamos.

Si bien es importante pensar de manera situada cada intervención y a la persona a la que nos dirigimos, eso no puede estar desvinculado de esa persona que fuimos y que es constitutiva de quienes somos hoy. Pensarnos y recordar lo que fue atravesar la infancia y la adolescencia nos va a permitir estar más cerca de esas *palabras justas* que lxs niñxs están buscando. Y hay muchas de esas palabras que quedaron afuera de este libro. No abordamos ni menstruación, ni masculinidades, ni otros tantos temas que hacen a la ESI. Estamos convencidas que por algún lugar hay que comenzar, y que queden *preguntas flotantes* hace que ya no las pensemos como *preguntas incómodas*, sino como susceptibles de ser investigadas, respondidas y hasta compartidas.

Lo que nunca jamás puede faltar es hacer explícito lo que creemos que motivó la lectura de este libro en primera instancia: **aquí estoy, te acompaño, crezco con vos**.

A todas las familias:
¡Les deseamos muchos éxitos!
A todes les niñes:
¡Les deseamos
derechos cumplidos y mucha felicidad!

¿Querés contarnos algo sobre
Habla Clara?

Bibliografía

Berkins Lohana; Fernández, Josefina (2013 [2005]). *La gesta del nombre propio*. Buenos Aires: Ediciones Madres de Plaza de Mayo.

Bourdieu, Pierre (1998). *Capital cultural, escuela y espacio social*. España: Siglo XXI Editores.

Bourdieu, Pierre (2006). "Violencia Simbólica y luchas políticas". En *Meditaciones Pascalianas*. España: Anagrama Colección Argumentos.

Busquets, Milena (2015). *También esto pasará*. Barcelona: Anagrama.

Bustos, Olga (2005). "La perspectiva de género como herramienta para analizar la realidad". En *Cómo incorporar la perspectiva de género en la comunicación*. Guadalajara: Instituto Jalisciense de las Mujeres.

Cabral, M., & Benzur, G. (2016). "Cuando digo intersex. Un diálogo introductorio a la intersexualidad". *En Cuadernos Pagu*, (24), 326-330. Córdoba, Argentina.

De Beauvoir, Simone (2009 [1949]). *El Segundo sexo*. Buenos Aires: De Bolsillo.

Furiasse, Mariana (2002). *Rafaela*. Buenos Aires: SM.

Hall, Stuart y du Gay, Paul (1996). "1. Introducción: ¿quién necesita «identidad»?". *En Cuestiones de identidad cultural*. Madrid: Amorrortu.

Helien, Adrián; Piotto, Alba (2012) *Cuerpxs Equivocadxs*. Buenos Aires: Paidós.

hooks, bell (1994). "Eros, erotismo y proceso pedagógico". En *Pedagogías Transgresoras*. Nueva York - Londres: Routledge.

Kalinowski, Santiago; Sarlo, Beatriz (2019). *La lengua en disputa*. Buenos Aires: Ediciones Godot.

Larralde, Gabriela (2015) *Los Mundos Posibles*. Buenos Aires: Blatt y Ríos.

Lineamientos Curriculares de la ESI.
URL: https://www.argentina.gob.ar/sites/default/files/lineamientos_0.pdf

Lucheti, Gabriela; Romero, Mariana (2017). Encuesta regional sobre determinantes de la oferta e inserción del dispositivo intrauterino entre proveedores de salud. En Revista *Argent Salud Pública*, página 8-12.

Mansilla, Gabriela (2014). *Yo nena, yo princesa: Luana, la niña que eligió su propio nombre.* Los Polvorines: Universidad Nacional de General Sarmiento.

Preciado, Paul B. (2002). "Money Makes sex o la industrialización de los sexos". *El manifiesto Contrasexual.* Madrid: Opera Prima.

Sadler, T.W. (2001). *Langman Embriología Médica con orientación clínica (Langman´s medical embriology).* Buenos Aires: Editorial Medical Panamericana.

Un análisis de los datos del Programa "Las Víctimas Contra Las Violencias" 2019-2020 y del impacto de la campaña "De los chicos y las chicas #SomosResponsables". URL:
https://www.unicef.org/argentina/media/9576/file/Las%20
V%C3%ADctimas%20contra%20las%20Violencias%202019-2020.pdf

Leyes

Decreto Nº 721. Sector público nacional, cupo laboral (travestis, transexuales y transgénero). Boletín oficial de la República Argentina, Buenos Aires, Argentina, 3 de septiembre de 2020

Decreto N° 476. Registro Nacional de las Personas (incorporación del género X). Boletín oficial de la República Argentina, Buenos Aires, Argentina, 20 de julio de 2021

Ley Nº 26.150. Creación del Programa de Educación Sexual Integral Nacional. Boletín oficial de la República Argentina, Buenos Aires, Argentina, 24 de octubre de 2006.

Ley Nº 26.618. Matrimonio civil. Boletín oficial de la República Argentina, Buenos Aires, Argentina, 15 de julio de 2010.

Ley Nº 26.743. Identidad de Género. Boletín oficial de la República Argentina, Buenos Aires, Argentina, 3 de mayo de 2012.

Ley Nº 26.904. Incorporación del Grooming al Código Penal. Boletín oficial de la República Argentina, Buenos Aires, Argentina, 4 de diciembre de 2013.

Ley Nº 27521. Sistema único normalizado de identificación de talles de indumentaria. Boletín oficial de la República Argentina, Buenos Aires, Argentina, 20 de noviembre de 2019).

Ley Nº 27.610. Interrupción voluntaria del embarazo. Boletín oficial de la República Argentina, Buenos Aires, Argentina, 30 de diciembre de 2020.